Friedrich Ludwig Christian Volbehr

Kieler Prediger-Geschichte seit der Reformation

ein Beitrag zur Geschichte des Kieler Kirchenwesens

Friedrich Ludwig Christian Volbehr

Kieler Prediger-Geschichte seit der Reformation
ein Beitrag zur Geschichte des Kieler Kirchenwesens

ISBN/EAN: 9783743421813

Hergestellt in Europa, USA, Kanada, Australien, Japan

Cover: Foto ©ninafisch / pixelio.de

Manufactured and distributed by brebook publishing software (www.brebook.com)

Friedrich Ludwig Christian Volbehr

Kieler Prediger-Geschichte seit der Reformation

Kieler Prediger-Geschichte

seit der

Reformation.

Ein Beitrag zur Geschichte des kieler Kirchenwesens

von

Dr. Friedrich Volbehr.

Mittheilungen der Gesellschaft für kieler Stadtgeschichte.
Sechstes Heft.

Kiel.
Druck von Schmidt & Klaunig.
1884.

Inhalt.

	Seite
Aus der katholischen Zeit	1
Die Einführung der Reformation in Kiel	4
Die evangelischen Predigtämter	13
Das Patronat- und Wahlrecht	16
Patronat, Wahlkurien	16
Präsentationen, Wahlpredigten, „Hören per deputatos"	17
Bestallung, Reverse, Kündigungsrecht	18
Einfluß der Landesherren auf die Wahlen	20
Akademisches Konsistorium als dritte Wahlkurie und Berücksichtigung der Professoren bei Besetzung des Hauptpastorats	21
Verlust des Patronats- und Wahlrechts für das Hauptpastorat und landesherrliche Ernennung der Hauptpastoren	26
Theilung der Gemeinde in Pfarrbezirke	33
Besetzung des Archidiakonats und des Diakonats	36
Aufhebung des Diakonats und Einrichtung der Adjunktur	43
Besetzung der Predigerstellen an den 4 Pfarrbezirken	50
Besetzung des Pastorats an der Heiligengeistkirche	51
Das Stadt-Konsistorium	56
Kieler Kirchenvisitatorium	60
Propstei-Synodal-Ausschuß und Pröpste	60
Verzeichniß der Prediger	61
An St. Nikolai: Hauptpastoren	61
Archidiakonen	74
Diakonen	81
Adjunkten	85
An der Heiligengeistkirche	88
In den vier Pfarrbezirken	90
Anhang: Hofprediger und Hofkapellane	92

Aus der katholischen Zeit.

Die holsteinischen Landesherren Graf Johann III. und Graf Gerhard V. schenkten dem Kloster der regulirten Chorherren zu Bordesholm durch Schenkungsbriefe von 1322 und 1326, also etwa 100 Jahre nach Erbauung unserer Stadt, das ihnen gehörende Patronat der kieler Pfarrkirche zu St. Nikolai, um den Mönchen durch die Einkünfte dieser Pfarre bei der Verlegung des von Vicelin in Neumünster gegründeten Klosters nach Bordesholm eine Beihülfe zu gewähren. Damit erhielt das Kloster das Recht, die Stadtpfarre durch einen Chorherren oder gar einen Vikar verwalten zu lassen, sowie über alle Angelegenheiten der Kirche zu verfügen. Bürgermeister und Rath waren indeß keineswegs mit dieser Neuerung zufrieden; es entstanden bald Streitigkeiten mit dem Kloster, die sich mehrfach wiederholten, und der Graf mußte dahin vermittelnd einschreiten, daß er 1336 einen Vergleich herstellte, wonach dem Magistrat fortan freistehen sollte, aus den Chorherren sich einen Rektor (Pfarrherrn) nach eigner Wahl auszusuchen. Auch wurde zugleich bestimmt, daß nur dieser, nicht aber mehrere Chorherren zugleich das in der Papenstrate belegene Pfarrhaus [1] bewohnen durften. Zwei Kapellane, Weltgeistliche, solle das Kloster auf seine Kosten halten und denselben zur Besorgung der Amtsgeschäfte in der Landgemeinde ein Pferd stellen.

---

[1] F. Volbehr „Beiträge zur Topographie der Stadt Kiel" (Heft 3 und 4 der Mitthl. d. Gesellsch. für kiel. Stadtgesch.). S. 60 u. 176.

Dagegen ward dem Rath das Recht vorbehalten, Altäre, Kapellen und Vikarien in der Kirche zu gründen, Opfergelder zum Besten der Kirche in herkömmlicher Weise zu erheben und die Verwaltung des Kirchenvermögens durch von ihm ernannte Kirchenjuraten besorgen zu lassen. Gegen den Willen des Raths bei der Kirche einen Konvent oder klösterliche Gebäude zu errichten, ward den Bordesholmer Chorherren untersagt [1]). Schon 1338 erklärte der Erzbischof Burchard diesen Vertrag, als dem kanonischen Rechte widerstreitend [2]), in mehreren Punkten für ungültig, und Erzbischof Gottfried erneuerte 1350 diesen Erlaß seines Vorgängers. So ist es erklärlich, daß jener Vergleich wirkungslos blieb, vielmehr durch beide folgende Jahrhunderte Anlaß zu Streitigkeiten und Händeln gab, die oftmals in schwere Thätlichkeiten ausarteten. Schon 1345 führte die Erbitterung der kieler Bürger gegen den bordesholmer Konvent zu einer groben Gewaltthätigkeit. In einer Februarnacht drang eine Anzahl angesehener Leute, denen sich auch Weltgeistliche zugesellt hatten, in die Wohnung des Rektors, des Chorherrn Heinrich Mangold, der selbst verwundet und mit seiner Dienerschaft aus dem spolirten Hause getrieben ward [3]). Bald darauf wurden auf dem Nikolai-Kirchhof mehrere daselbst anwesende Chorherren, ungeachtet der Gegenwart der Rathsherren, überfallen und schwer gemißhandelt [4]). Der Erzbischof that die Schuldigen zwar in den Bann und erklärte den Kirchhof für entweiht [5]), aber den Chorherren war durch die erwähnten Vorgänge keineswegs die Stadt verleidet worden; vielmehr faßten sie schon nach wenigen Jahren den Entschluß, ihr Kloster aus dem einsamen Bordesholm ganz in die Stadt zu verlegen, wozu auch der Erzbischof seine Zustimmung gab, indem er dem Konvent zugleich den Besitz der Nikolaikirche

---

[1]) Westphalen Monumenta II. S. 126.
[2]) Westphalen II. S. 137. 190.
[3]) Westphalen II. S. 154.
[4]) Dr. Kuß, Staatsb. Mag. IX. S. 77.
[5]) Westphalen II. S. 154.

bestätigte. Bei dem Rath und der Bürgerschaft fand dies Vorhaben aber entschiedenen Widerspruch, der auch nicht zum Schweigen gebracht ward, als einige Jahre später, 1364, sogar Graf Adolf VII. dem bordesholmer Konvent seine Genehmigung zur Uebersiedelung gab und der Erzbischof dazu seine Zustimmung ertheilte[1]); sowie er auch den Einwohnern bei Strafe des Interdikts befahl, die Chorherren bei Erbauung eines Klosters nicht zu stören, sondern sie freundlich und ehrerbietig in die Stadt aufzunehmen. Der Rath blieb jedoch fest und wußte es durchzusetzen, daß Graf Adolf seine Genehmigung widerrief[2]) und dagegen urkundlich bestimmte, es solle den bordesholmer Chorherren nicht gestattet sein, in Kiel ein Kloster zu besitzen. Hiermit war indeß die Sache keineswegs beendet: beide Theile waren gleich hartnäckig, die Mönche in Verfolgung ihres Plans, die Bürger in ihrem Widerstand gegen denselben. Wie gereizt die Stimmung geblieben war, zeigt ein Ereigniß aus dem Jahr 1374, wo man auf Befehl von Bürgermeister und Rath vor dem Propst Stephan von Bordesholm, der mit seinen Chorherren zur Stadt gekommen war, die Thore verschloß und den Einlaß verweigerte[3]). Eben in dieser Zeit ging der Konvent allerdings wieder ernstlich mit der Ausführung seines langgehegten Planes um, wie eine Urkunde aus dem folgenden Jahre beweist, nach welcher am 4. April 1375 der Rath mit dem Konvent am Schlagbaum vor der Stadt[4]) eine Besprechung hielt, in welcher der Konvent eine Erklärung darüber forderte, ob Bürgermeister und Rath sich der Niederlassung der Chorherren widersetzen würden. Der Magistrat ließ sich indeß auf nichts ein, und 4 Jahre später erneuerte auch Graf Adolf sein früheres Verbot, welches dem bordesholmer Konvent den Bau eines Klosters in Kiel untersagte. Die Uebersiedelung nach Kiel scheint der Konvent

---

[1]) Westphalen II. S. 235.
[2]) Westphalen II. S. 237.
[3]) Westphalen II. S. 260.
[4]) Derselbe lag auf der Klinke vor dem jetzigen Muhl'schen Gasthofe.

seitdem aufgegeben zu haben, doch wiederholten sich im nächsten Jahrhundert mehrfach die Streitigkeiten, und zwar in Anlaß der Bestellung des Pfarrherrn an St. Nikolai. König Christian I. ließ einen solchen Streit im Jahre 1481 durch geistliche und weltliche Schiedsrichter schlichten, und der neu zu Stande gekommene Vergleich[1]) stellte wiederum als Kardinalpunkt das Recht des kieler Rathes hin, sich aus den bordesholmer Chorherren einen Rektor der Kirche zu wählen, den der Propst dann bestätigen müsse.

So blieb es bis zur Einführung der Reformation, mit welcher eine tief umgestaltende Aenderung in der Besetzung der Predigtämter gegeben war.

Die Einführung der Reformation in Kiel.

Während in der katholischen Kirche entsprechend der streng gegliederten Subordination ihrer Hierarchie das geistliche Amt ein Ausfluß der bischöflichen Gewalt ist, baut der Protestantismus die Kirche aus der Gemeinde auf. Die evangelische Kirche, auf die Urzeit des Christenthums zurückgreifend, ist die Gemeinde der Gläubigen. Ihre Verfassung beruht wesentlich auf Gemeinschaft und Socialität. Von der Kirchengemeinde, einer gleichberechtigten Genossenschaft, sollen die Verwalter des Lehramts berufen und beauftragt werden. Das Amt ist seinem innern Wesen nach nicht Rechtsgewalt, sondern kirchlicher Dienst, ständige Vertretung der Gemeinde. Nach diesem Grundprincip hat sich in ihrem rechtlichen Charakter die Besetzung der Lehrämter zu bestimmen. Gemeindewahl mußte daher die normale Weise der Anstellung der Kirchendiener bei den Protestanten werden, und der geschichtliche Gang der Reformation unterstützte diesen Grundsatz, da die Reformation zuerst aus den Gemeinden hervorging, im Kampf mit den höheren Regionen des bestehenden Kirchen-

---

[1]) Bremer's handschr. Chronik von Kiel. S. 368—371. Kuß, Staatsb. Mag. IX, S. 99.

regiments. Die protestantische Gemeinde schloß sich bei der Reformation dem Lehrer an, der ihr religiöses Bedürfniß befriedigte, also faktisch durch selbstständige Wahl, und so ergab sich bei förmlicher Konstituirung und oberer Anerkennung der evangelischen Gemeinden das Wahlrecht [1]). Daß dies Wahlrecht sehr bald in Schleswig-Holstein mancherlei Beschränkungen unterworfen, später auch vielfach den Gemeinden ganz genommen wurde, ist bekannt. Erst durch die Kirchengemeinde und Synodalordnung vom 4. Nov. 1876 ist es im Princip wieder hergestellt worden.

In den Herzogthümern ward zuerst im Jahre 1520 im Kirchdorf Hygum durch Paul Albretsen lutherisch gepredigt, und seit 1522 begann der Reformator Hermann Tast von Husum aus Luther's Lehre im Lande zu verkünden. Dieselbe gewann sehr rasche Verbreitung, befördert und geschützt durch den (1523 auch zum König von Dänemark gewählten) Herzog Friedrich und dessen Sohn Christian, welcher letzterer als Statthalter seines Vaters in Haderleben residirend, schon 1525 den M. Winther zu seinem evangelischen Hofprediger berief. Ueberall im Lande, unter Bürger und Bauern, wie unter dem Adel fand die neue Lehre zahlreiche Freunde, selbst katholische Priester und adelige Prälaten wandten sich derselben zu. Vergebens widerstrebten die Bischöfe zu Schleswig und Lübeck mit ihren Domkapiteln, und vergebens erboten sich die schleswiger Domherren auf dem Landtage, 12000 Goldgulden zu zahlen, wenn man mit der Verbreitung der neuen Lehre innehalten wolle [2]).

In Kiel scheinen die ersten reformatorischen Bewegungen im Jahre 1526 entstanden zu sein und zwar theilweise aus der Gemeinde selbst heraus. Ein angesehener husumer Bürger Matthias Knutzen (der eine natürliche Enkelin

---

[1]) A. L. J. Michelsen, Entstehung und Begründung der Prediger-Wahl in Schleswig-Holstein als protestantischer Norm. S. 10.

[2]) C. E. Carstens, Die evangelisch-lutherische Reformation in Schleswig-Holstein. (Nordalbingische Studien II. S. 119 ff.)

des Königs zur Ehe hatte) war um diese Zeit nach Kiel gezogen, wo er 1540 auch in den Rath aufgenommen ward, dem er bis 1559 angehört hat. Schon in Husum hatte er Hermann Tast in seinen reformatorischen Bestrebungen Schutz und Förderung zugewendet und war jetzt auch in Kiel wieder eifrig in gleichem Interesse thätig, namentlich als ein junger kieler Theologe Marquard Schuldorp (vielleicht ein Sohn des 1515 verstorb. Rathmanns Marquard Schuldorp) aus Wittenberg, wo er der Schüler Luther's gewesen war, in seine Vaterstadt zurückkehrte und daselbst die neue Lehre zu verbreiten begann. Aus der Bürgerschaft wurden derselben rasch viele Freunde gewonnen, und wenn auch die gegnerische Partei noch immer mächtig war, namentlich durch die zahlreichen geistlichen Brüderschaften und Kalande, deren es auch in Kiel viele gab und die es meistens mit der alten Lehre hielten, so scheint doch der damalige plebanus oder Rektor der St. Nikolaikirche, der bordesholmische Chorherr Wilhelm Pravest, sich äußerlich gleichfalls bald der neuen Lehre zugewandt zu haben.

Schon 1527 erschien indeß ein anderer Verkündiger der letzteren, der mit weit größerer Energie, als Schuldorp, welcher hauptsächlich unter dem Rath und den Vornehmen seinen Anhang gefunden hatte, vorging und die große Masse der Bürger für sich zu gewinnen wußte. Es war der Schwabe Melchior Hoffmann, welcher in der Reformirung unseres Landes eine Aufsehen machende, wenn auch bald vorübergegangene, Stellung eingenommen hat.

Melchior Hoffmann, seines Handwerks ein Pelzer (Kürschner), war, von der Reformation angeregt, ein eifriger Beförderer derselben geworden. Es war in jener Zeit nichts Ungewöhnliches, daß bei dem Mangel an lutherischen Predigern begabte und für Luther's Lehre begeisterte Laien, wie u. A. in Medelbye ein tondernscher Fußknecht und in der Stadt Schleswig ein Zolleinnehmer, das Predigtamt übten. Hoffmann war zuerst nach Livland gezogen und daselbst ein Beförderer der Reformation geworden. Von dort vertrieben, hatte er in Stockholm gepredigt, war dann 1525 nach Wittenberg gegangen, wo er Luther kennen lernte und sich als eifrigen Anhänger seiner Lehre zeigte. Bald aber hatte er sich schwärmerischen Anschauungen zugewandt, die ihm in Magdeburg Verfolgung und Gefangenschaft zuzogen. Als er 1527 nach Holstein kam, erhielt er von König Friedrich die Erlaubniß, überall im Lande frank und frei zu predigen. Daher bezeichnete er sich als „Königlicher Würden gesetzter Prediger zu Kiel", was allerdings keineswegs so zu verstehen ist, als ob dem Hoffmann durch den König eine bestimmte Predigerstelle in Kiel übertragen sei, da dies mit dem damals noch bestehenden Privilegium des Klosters Bordesholm, sowie mit dem Rechte des Rathes würde in Widerspruch gestanden haben. Bremer's Chronik führt ihn, jedenfalls irrthümlich, als ersten Hauptpastor auf mit der Bezeichnung: „pellifex, homo fanaticus, ex Holsatia ejectus 1529", während Schwarze ihn als „ersten Archidiakonus" verzeichnet. Mit dem genannten Marquard Schuldorp, der gleichfalls wohl keine ihm fest übertragene Predigerstelle inne hatte (er ward nicht lange nachher als Hauptpastor an den Dom nach Schleswig berufen, wo er schon 1529 starb), gerieth Hoffmann bald in heftigen Zwiespalt, der sich auf die Gemeinde fortpflanzte, namentlich als Schuldorp sich mit seiner eignen Schwester-Tochter verheirathete, was Hoffmann für blutschänderisch erklärte, Luther jedoch, da Schuldorp sich in seiner Verlegenheit an ihn wandte, als durchaus zulässig bezeichnete. Bald darauf gerieth Hoffmann auch mit Wilhelm Pravest in Zwiespalt, der sich in einem Brief an Luther beklagte, daß unter dem Deckmantel christlicher Freiheit und des Evangeliums viele Skandale vorfielen, deren Schuld der ungelehrte Haufe auf Luther schöbe; er wies dabei auf Hoffmann als die Quelle dieses Unheils hin. Luther, welcher bis dahin Hoffmann günstig gesinnt gewesen war, beantwortete diesen Brief; er ermahnte, sich vor Hoffmann zu hüten und rieth Pravest, sich an den Rath zu wenden, daß dieser Hoffmann das Predigen verbiete. Vermuthlich wird aber auch letzterer nicht müssig geblieben sein, so daß Luther bald über Pravest selbst und dessen fortwährend katholisch gebliebenen Gesinnungen besser, als bisher, unterrichtet ward. Er schrieb daher an Pravest (der sogar spöttische Verse auf Luther gemacht haben soll) einen bittern Brief und wandte sich zugleich an den Bürgermeister Paul Harge und M. Konrad Wulf (der später auch Bürgermeister ward) mit einer Entschuldigung wegen seines ersten Briefes an den jetzt als Heuchler erkannten Pravest.

Nunmehr ward es Pravest unmöglich, sich länger in seiner Stellung zu behaupten. Er mußte sich in sein Kloster zurückziehen, und der bordesholmer Konvent sah sich genöthigt, zuerst einen vorläufigen, nach wenigen Jahren aber schon einen definitiven Verzicht auf das Recht zur Besetzung der kieler Pfarre auszusprechen. Am Tage Dionysii im Jahre 1528 errichtete der Konvent mit Bürgermeister und Rath einen „vründlichen Contract und eindracht", in welchem es heißt: Dewyle den itzt in dyßen tyden etlike saken und upror und twistinge sweven, so hebben wy uth guder Vründschop u. eindracht u. nicht dorch plicht, einen wertliken¹) effte geistliken Kerkherren, welker dem ersamen rade gevellig iß to erwelende u. up u. aftosettende na erem gefallen, etlike jar lang dem rade gutwillig vergönnt u. nagegeben." Zugleich werden dem vom Rath nunmehr selbstständig zu erwählenden „Karkherrn" alle Einkünfte, „alse Papenkamp, Tegelie u. de XVIII Mark van Blindbeck mit den VI Foder Brennholtes 2c." zugesprochen. Dagegen sagt der Rath zu, daß die Messe vor dem „Altar der zwölf Apostel" in gewohnter Weise christlich gehalten werden solle. Gegen alle Ansprüche und Nachtheile, die aus dieser Erwählung des Kirchherrn entstehen möchten, solle das Kloster geschützt sein.

Mit dem Abzug des Rektors Wilhelm Pravest wurde auch alles Hausgeräth aus dem Wedemer (Pfarrhaus) in Kiel nach Bordesholm geschafft. Der Konvent stellte aber

---

¹) weltlichen.

gleichzeitig eine Verschreibung aus, daß dasselbe zurückgebracht werden solle, sobald der Rath wieder einen Pastor aus dem Kloster wählen würde. Dies Hausgeräth, speciell in der Verschreibung verzeichnet, bestand in mehreren Betten, zinnernen Tellern, Schüsseln, Wein- und anderen Kannen und verschiedenem Küchengeräth.

Der bordesholmer Konvent mußte freilich bei der rasch fortschreitenden Verbreitung der Reformation bald erkennen, daß die kieler Pfarre ihm für immer verloren sei. Es kam daher im Jahr 1534 zu dem definitiven Kontrakt, in welchem seitens des Konvents ein vollständiger Verzicht geleistet ward. Weil in vergangenen Zeiten zwischen dem Rath und dem Kloster „von wegen der Kaspelkerken un den Karkherren tom Kyle mennigmal Hader, twisticheit, Kyff unde mehr unlust sick hefft entstan", so übertrug der Konvent „to ewigen tyden de Kaspelkerken, Pastorhuse un Schole¹) tom Kyle, ock de Papenkamp mit allen eren tobehoringe, herrlicheiden, fryheiden u. gebruce, so dat unse Vorsaren vorhennen u. wy noch bet nu gegenwardigen fryest gehat hebben", an Bürgermeister und Rath. Diese verpflichteten sich dagegen jährlich um Ostern dem Konvent 10 ₰ Lübisch zu zahlen, so lange derselbe „in einem geistliken Stande und Orden blifft". „Wo overst", heißt es weiter, „dat Kloster verstöret, neddergelecht edder in einen werliken²) stand effte Regiment worde verendert", dann sollte obige Zahlung hinfällig werden. Zugleich heißt es wörtlich in dem Dokument, daß Bürgermeister und Rath „scölen Kerkherrn to erwehlende, up- un affthosettende na erem wolgefallen mechtig syn."

Inzwischen hatte auch Melchior Hoffmann in Folge der um diese Zeit ausgebrochenen Abendmahls-Streitigkeiten, bei welchen in Schleswig-Holstein fast alle Theologen sich für Luther, dagegen Hoffmann in zwei Schriften gegen dessen Ansichten erklärte, die Stadt verlassen müssen. Eine Menge

---

¹) Topographie der Stadt Kiel, S. 125.
²) weltlichen.

Schriften waren erschienen, welche die Ketzerei Hoffmann's auf's Heftigste angriffen, und König Friedrich I., der letzterem bis dahin günstig gewesen war, konnte nicht mehr umhin, wollte er anders Ruhe im Lande behalten, die Orthodoxie des ehemaligen Kürschners untersuchen zu lassen. Dies geschah in dem Religionsgespräch zu Flensburg am 8. April 1529, wo Hoffmann unter dem Vorsitz des Statthalters, des Prinzen Christian, und in Anwesenheit von Johann Bugenhagen seine Anschauungen über das Abendmahl gegen eine Anzahl strenger Anhänger Luther's, unter denen sich auch der schleswig'sche Reformator Hermann Tast befand, vergeblich zu vertheidigen suchte. Das im Namen des Königs gefällte Urtheil ging dahin, daß Hoffmann und seine Anhänger entweder widerrufen oder sofort das Land räumen sollten, jedoch so, „daß ein jeglicher nach Gelegenheit Zeit und Stunde haben sollte, sicher und füglich aus dem Gebiete des Königs zu ziehen". Letzteres ist indeß, falls man den eignen Berichten Hoffmann's Glauben schenken darf, nicht innegehalten worden. Er schreibt: „Auf ein solch' Urtheil des Pommers (Bugenhagen's, dem er den Hauptantheil an seiner Verbannung zuschreibt) ist der Kürsner mit Weib und Kind aus dem Lande verjagt und ihm sein Haus geplündert und sind ihm an Bücher und Truckerey als gut als 1000 Gulden genommen. Und stunden auch die Ungläubigen hart nach seinem Hals, daß sie ihm wollten unterwegs umbringen; aber Gott half ihm." Nach den von Bugenhagen herausgegebenen Akten war dieser unschuldig daran, daß es Hoffmann so übel erging, da er, wie er sagt, für ein milderes Urtheil gestimmt habe. Erklärlich ist es aber, daß in den Tagen der Reformation, wo in den protestantisch gewordenen Ländern vielfache Härten und Gewaltthätigkeiten an den katholisch Gebliebenen vorkamen, die leicht erregte Menge nicht weniger rücksichtslos diejenigen Evangelischen behandelte, welche als Ketzer gegen das Lutherthum erschienen. Ob übrigens Hoffmann seine Verjagung aus Kiel nicht übertrieben schwarz gemalt, läßt sich nicht nachweisen, da das kieler Stadtarchiv nichts über ihn enthält, auch Bremer's Chronik seiner nicht erwähnt, sondern nur mittheilt, daß 1533 eine Druckerei, offenbar die Hoffmann'sche, vom Magistrat an den König überliefert sei [1]). — Hoffmann trat nach seiner Verweisung aus Kiel entschieden zur Partei der Wiedertäufer über, ging nach Ostfriesland, Westfalen, den Niederlanden und Elsaß, ward in Straßburg gefangen genommen, widerrief aber seine wiedertäuferischen Lehren und starb, wieder freigelassen, im Jahre 1540 [2]).

Aus den erwähnten Vereinbarungen der Stadt mit dem Kloster Bordesholm geht hervor, daß Wilhelm Pravest schon 1528 Kiel hatte verlassen müssen. Schulborp war gleichzeitig als Pastor nach Schleswig berufen, Hoffmann ward 1529 vertrieben. Es läßt sich nicht mit Sicherheit feststellen, wer der erste, wirklich vom Rath frei erwählte Pastor gewesen, da, wie schon erwähnt ist, Hoffmann wahrscheinlich überhaupt keine feste Stellung in Kiel eingenommen hat. Schwarze und auch Bremer nennen hinter Pravest Johannes Heitmann, ohne indeß das Jahr seiner Erwählung anzugeben. Beide erwähnen dagegen nicht den Lübecker Johann Walhof, von dem feststeht, daß er im Jahr 1529 sich als lutherischer Prädikant in Kiel aufgehalten hat. Ein zuerst im Jahre 1830 gedrucktes Tagebuch [3]) eines Zeit-

---

[1]) Das über die Auslieferung aufgenommene Aktenstück ist auch in Beziehung auf die Einrichtung der damaligen Buchdruckereien belehrend. Es lautet: „Anno dni XV^{C}XXXIII maubags na Invocavit hebbe Wy borgemester un ratmannen tom Kyl den prenteren, de Kgl. Mayst. hier geschicket dat undergescreven verantwortet· It. 2 pressen mit der tobehöringe, dar man up gedrücket. It. en planer. it. V Kasten mit lettern. it. en form dar man de lettern in güt. It. en roksack. It. en Kastenvoll mit Format Holte un andre instrumenten tor brückery tobehörig. It. en bank. it. en Ketel en grapen dar man de swarte in sedet. It. en klen Scap darin XII formen, dar man in güt de bokstaven."

[2]) Ausführlicheres über Hoffmann findet sich u. A. in den Prov.-Berichten 1813 u. 14 von Pastor E. C. Kruse: „Melchior Hoffmann in Holstein."

[3]) „Ausführliche Geschichte der Lübecker Kirchenreformation in den

genossen giebt Mittheilungen über Walhof's Aufenthalt in Kiel, ohne indeß über sein Verhältniß zu Pravest, falls er überhaupt noch mit demselben hier zusammen gewesen ist, und zu Hoffmann etwas zu berichten. Walhof, 1495 in Lübeck geboren, war bei'm Anfang der Reformation Kapellan an der Marienkirche daselbst. Er scheint durch den Prediger Petersen in Oldesloe, zu dem viele Lübecker kamen, um das reine Evangelium zu hören, für Luther's Lehre gewonnen zu sein. Der Lübecker Rath, welcher der Reformation abgeneigt war, verbot ihm die Kanzel und verwies ihn nebst einem andern Prediger aus der Stadt. Aber die 48 Bürgervorsteher traten für die Vertriebenen ein und machten ihre Rückberufung zur Bedingung für die Zahlung einer neuen Abgabe. Der Rath sträubte sich, und als die gesammte Bürgerschaft jenem Verlangen beitrat, erwiderte er ausweichend, Walhof würde nicht kommen, weil die Kieler ihn nicht würden fahren lassen. Man verlangte nun, der Rath solle an den Kieler Rath schreiben, es ward auch ein Bürger mit einem Brief abgesandt, doch kam derselbe ohne etwas erreicht zu haben, zurück. „Averst (fährt der Verfasser des Tagebuchs fort) dit verbeterede de sake nicht, sondern dat de borger mehr argwanes kregen to einem E. Rath. Jedoch wolde ein Rath de gemene stillen, muste ein Rath eren Secretarius na dem Kiel senden, umme Herrn Johann Walhof zu vorberen." Dies hatte Erfolg und Walhof ward im Jan. 1530 als lutherischer Prediger in Lübeck eingeführt. Nach Reimer Kock's Chronik war Walhof im Oktober 1529 auf dem Marburger Kolloquium gewesen. Ob er sich schon vorher während seiner Verbannung in Kiel aufgehalten, läßt sich nicht nachweisen. Jedenfalls scheint er in einem gewissen festen Verhältniß hier gestanden zu haben, sonst hätte man ihn doch nicht vom Kieler Rath zurück zu erbitten brauchen.

Jahren 1529 bis 1531 aus dem Tagebuche eines Augenzeugen und Beförderers der Reformation", herausgegeben von Petersen. Lübeck 1830.

Daß die Reformation in Kiel in sehr kurzer Frist völlig durchgeführt ist, geht auch aus der Aufhebung des grauen Mönchsklosters[1]) (Franciskanerklosters), der Stiftung Adolf's IV. hervor, dessen Mönchen König **Friedrich** I. 1530 das Predigen, Messelesen und „andere Ceremonien, dar gy dat Volk süs lang mit verföret hebben", verbot und dessen Grundstücke er gleichzeitig der Stadt schenkte. Sehr erklärlich ist es daher, daß 1534 der bordesholmer Konvent in dem oben erwähnten Vertrag daran dachte, daß auch sein Kloster niedergelegt oder in einen weltlichen Stand verändert werden könnte.

Die evangelischen Predigtämter.

So rasch, wie die neue Lehre in Kiel eingeführt war, gestaltete sich nicht die Einrichtung und Begrenzung der neuen Predigerstellen. Leider läßt uns das Stadtarchiv fast über das ganze erste Jahrhundert nach der Reformation völlig im Stich, so daß wir auf einzelne Andeutungen an dritten Stellen beschränkt bleiben.

Die St. **Nikolaikirche**[2]) blieb auch fortan die einzige Pfarrkirche für Kiel und die zur Gemeinde gehörigen Dörfer. Die **Heiligengeist-** oder **Klosterkirche**[3]), welche mit den Gebäuden des 1530 aufgehobenen Franciskanerklosters von König **Friedrich** I. an die Stadt geschenkt war, erhielt erst im Jahr 1632 einen eignen ordinirten Prediger, nachdem bis dahin die Lehrer an der Stadtschule und theilweise die Pastoren von St. Nikolai daselbst die Predigten gehalten hatten. Eine eigne Gemeinde ward der Kirche indeß nicht beigelegt, doch wurde in der Mitte des 18. Jahrhunderts der Prediger zugleich zum Pastor der Garnisonsgemeinde bestellt. Letzteres Amt ward 1868 wieder abgetrennt, dagegen aber im Jahr 1871 bei der Eintheilung der Gemeinde Kiel in

---

[1]) Volbehr, Topographie der Stadt Kiel, S. 83 ff.
[2]) Ebendas. S. 93.
[3]) Ebendas. S. 83 ff.

vier Pfarrbezirke dem bisherigen Prediger der Heiligengeist-kirche eine dieser Gemeinden übertragen.

An der Nikolaikirche wurde bei der Reformation aus dem katholischen Rektor oder Plebanus der lutherische Pastor, später Hauptpastor. Aus den katholischen Kapellanen entstanden die lutherischen Diakonen, welche indeß noch lange Zeit, wie u. A. bei Bremer 1568 und 1589, mit dem früheren Titel benannt werden. Die Bezeichnungen als Archidiakonus und Diakonus werden anfänglich nicht gebraucht, sondern erst später in Anwendung gekommen sein und so einen Rangunterschied gegeben haben. Schon 1566 rückte indeß ein Diakonus in das Archidiakonat auf.

Das Diakonat hat nur bis 1797 bestanden. An Stelle desselben wurde das Amt eines Adjunctus Ministerii errichtet, welches noch gegenwärtig besteht und dem Inhaber die Vertretung der übrigen Prediger auflegt.

Manche äußere Einrichtungen aus der katholischen Zeit bestanden noch längere Zeit fort. Namentlich verblieben die Einkünfte der Vikarien[1]) an St. Nikolai, die im Besitz von auswärtigen Geistlichen waren, denselben auf Lebenszeit. So werden u. A. bei Bremer aus dem Jahre 1559 erwähnt: „Johann Veldt und Herr Hinrich, Königlicher Würden unser gestrn. Fruwen Capellan, beyde dißer tyd Vicarien unser Kaspelkerken St. Nicolai."

Ueber die Einnahmen der Predigerstellen läßt sich Genaueres nicht angeben, da sie bis vor wenigen Jahren zum großen Theil aus Gebühren bestanden haben. Es wird längere Zeit gedauert haben, bevor überhaupt irgendwelche Festsetzungen über die Einnahmen der Prediger gemacht sind. Erst 1561 erließen, wie Bremer berichtet, Bürgermeister und Rath eine Verordnung, daß jeder Einwohner der Stadt für sich, seine Frau, Kinder, Knechte und Mägde, welche über 12 Jahre alt wären, „an allen vier Festtagen einen Witten

---

[1]) Näheres über Vikarien bei Michelsen, Schlesw.-Holst. Kirchengeschichte II, S. 60 ff.

(silbernen Pfennig) zu nothdürftiger Unterhaltung der Kirchendiener" geben sollten. Den Kirchenvorstehern wurde aufgetragen, dieses Geld einzusammeln. — Wie übrigens, bei der damaligen Schwierigkeit, den Angestellten baare Einnahmen zu verschaffen, auf die wunderlichsten Aushülfen gesonnen ward, zeigt beispielsweise ein Privilegium des Küsters an St. Nikolai, der allein das, noch 1716 beanspruchte, Recht hatte, Buchbinderei zu treiben und mit Kalendern zu handeln, was ausdrücklich als pars salarii (Theil seiner Einnahme) bezeichnet wird. In Anlaß der Besetzung des Archidiakonats wird wiederholt erwähnt, daß die Einnahme dieses Amts nicht größer sei, als diejenige des Diakonats. Erst die Gemeinde-Eintheilung von 1871 hat eine feste Besoldung der Prediger aus der Kirchenkasse, unter Wegfall der Gebühreneinnahme, eingeführt. Als ein Prediger an der Klosterkirche angestellt ward, wurde diesem eine feste Einnahme gegeben, da er keine Gebühren zu beziehen hatte. Sie bestand damals aus 361 Mark Lübisch, die aus nicht weniger als 7 verschiedenen Quellen zusammenflossen. Wohnungen waren bei der Reformation sämmtlichen Predigern zugewiesen: dem Hauptpastor das alte Pfarrhaus des katholischen Rektors in der Pfaffenstraße[1]), dem Archidiakonus und Diakonus zwei Häuser in der Schumacherstraße[2]), dem Pastor der Heiligengeistkirche das neben letzterer liegende Pastorathaus. Im Jahr 1797 wurden die drei erstgenannten Häuser verkauft und bis 1827 erhielten die Prediger für die fehlenden Wohnungen Entschädigung. Dann wurden für das Hauptpastorat in der Schumacherstraße[3]) und für das Archidiakonat in der Flämischenstraße[4]) Häuser angekauft, welche indeß 1858 und 1867 wieder verkauft und durch Neubauten in der Faulstraße und am Lorenzendamm ersetzt sind. Die Pfarrbezirkstheilung von 1871[5]) hatte auch den Neubau von Häusern für die Prediger des Heiligengeist- und des

---

[1]) Topographie der Stadt Kiel, S. 176.
[2]) Ebendas. S. 173.
[3]) Ebendas. S. 174.
[4]) Ebendas. S. 170.

St. Jürgen-Pfarrbezirks zur Folge. Für die Adjunktur wurde im Jahr 1797 bei ihrer Errichtung eine (seit 1866 wiederholt erhöhte) Einnahme von 609 Mark nebst Holzlieferung, jedoch keine Wohnung, bestimmt.

Das Patronat- und Wahlrecht.

Der oben angeführte definitive Kontrakt mit dem bordesholmer Kloster hatte dem Rath der Stadt das Recht, die Prediger zu wählen, sie an- und abzusetzen, zugesprochen. Die Schleswig-Holsteinische Kirchenordnung vom 9. März 1542 verlieh den Städten überhaupt das Patronatrecht mit den Worten: "In den Steden, dar nene Kloster dat jus patronatus einen Kerkherren tho präsenterende hebben, schal hyrnamals solcke gewalt to präsenterende, by dem Rade unde de Avericheit seyn." Hiernach hat der Rath das Patronat und in Verbindung mit den Vertretern der Bürgerschaft das Wahlrecht sofort geübt, ohne daß die ganze Gemeinde in ihren einzelnen Gliedern an letzterem eine Betheiligung gehabt hätte, wie sie solches auch bis zur Einführung der gegenwärtig geltenden kirchlichen Gemeinde- und Synodalordnung weder jemals geübt noch beansprucht hat. Um 1530 bestand neben Bürgermeister und Rath ein Bürgerausschuß von 10 Männern, die später auf 16 vermehrt wurden. Mit ihnen wird der Rath sofort bei den ersten ordentlichen Anstellungen evangelischer Geistlichen die Wahlen getroffen haben. Das Kollegium der Sechzehn-Männer galt fortwährend als Repräsentant der gesammten Bürger und es wird auch in den Bestallungen der Prediger regelmäßig hervorgehoben, daß dieselben "anstatt der ganzen Bürgerschaft" die Wahl mit vollzogen hätten. Der Magistrat übte die Patronatsrechte allein, bildete aber zugleich die eine Wahlkurie, anfangs allein, später in Verbindung mit den Predigern zusammen als Stadtkonsistorium. Die zweite Kurie war das Deputirten-Kollegium, und als dritte trat seit 1679 das akademische Konsistorium, d. h. die

Gesammtheit der Professoren der 1665 von Herzog Christian Albrecht errichteten Universität ein. Diese 3 Wahlkurien haben bis zum Jahr 1872 in der Weise das Wahlrecht geübt, daß jede für sich abzustimmen und dann nach der Majorität der Stimmen innerhalb ihrer Kurie Eine Stimme abzugeben hatte. Bei der Wahl der Prediger an der Klosterkirche hat das akademische Konsistorium nicht mitgewirkt.

Das gegenwärtig übliche Verfahren bei der Besetzung der Predigerstellen hat erst nach und nach eine bestimmte Gestalt gewonnen. Von öffentlicher Ausschreibung erledigter Stellen konnte schon aus dem Grunde nicht die Rede sein, weil die entsprechenden Mittel zur Veröffentlichung fehlten. Man war daher auf persönliche Bekanntschaft und Empfehlungen beschränkt und mußte häufig ganz auf eine Auswahl verzichten, weil die in Aussicht genommenen Prediger von vornherein erklärten, in ihren Gemeinden verbleiben zu wollen. In jetzt üblicher Weise hier eine Wahlpredigt zu halten, war keiner bereit, es wurde auch keinem auswärtigen Prediger zugemuthet; nur in Kiel anwesende Präsentirte hielten, jedoch auch nicht immer, Wahlpredigten. Wollten die Wahlkollegien über auswärtige Prediger sich näher unterrichten, so schickten sie Deputirte (jedes Kollegium 2), nach deren Urtheil dann, soweit nicht anderweitige Einflüsse mitwirkten, die Wahlstimmen abgegeben wurden. Solches „Hören per deputatos" ist bis gegen Ende des achtzehnten Jahrhunderts üblich geblieben; es war übrigens recht kostspielig. Als im Jahr 1789 neben einem kieler Lehrer ein Prediger in Ploen und einer in Wilster für das Diakonat präsentirt waren, reis'ten je 2 Abgeordnete des Magistrats, des Sechszehner-Kollegiums und der Universität, welche zur Aufwartung einen Rathsdiener, einen Pedellen und einen Friseur mitnahmen, nach Ploen und Wilster; die erste Reise kostete 39 Rthlr. 9 ßl., die zweite 91 Rthlr. 46 ßl., wovon die Universität ein Drittheil bezahlte. Im Jahr 1792 hielten zur Wiederbesetzung des Archidiakonats zum ersten Mal drei auswärtige Prediger hier ihre Wahlpredigten.

Patronat- und Wahlrecht haben im Laufe der Zeit mancherlei Anfechtungen und Beschränkungen erfahren; die politischen Verhältnisse der Herzogthümer unter zwei sich oft feindlich gegenüberstehenden Fürsten, von denen der eine (der König) dem andern (dem Herzog von Holstein-Gottorf) zuletzt seinen schleswigschen Antheil nahm und auch das holsteinische Gebiet Jahre lang besetzt hielt, der im 17. und 18. Jahrhundert immer mehr wachsende fürstliche Absolutismus, dann die eigenartigen Verhältnisse zwischen Stadt und Universität haben dazu stetig gewirkt. Daher geben die hier verzeichneten Hergänge eines lokalen kirchlichen Gemeinwesens immerhin manche charakteristische Züge der Zeit- und Kulturgeschichte unseres Landes.

Das erste Aktenstück im Stadtarchiv datirt aus dem Jahr 1616. Es ist die Bestallung des Magisters Antonius Burchardi zum Hauptpastor. Aus derselben scheint hervorzugehen, daß schon damals mehrere Kandidaten vom Magistrat in Aussicht genommen zu werden pflegten, denn es heißt darin: „Bürgermeistere und Radtmanne haben nach vorhergehender reiffer berathschlagung, gebührlichen Election und wahll" den Genannten „bestellt zum pastore und Lehrer in dießer Kirchen St. Nicolai."

Aus der Bestallung geht ferner hervor, daß die Anstellung keineswegs von vornherein als eine lebenslängliche betrachtet wurde; im Gegentheil ward „beiderseits außtrücklichen hiemit vorbehalten, das welchem theile nicht gelegen, lenger bey dießer itzo auffgerichteten Bestallung zu bleiben, das derselbe dem andern zum wenigsten eins halb jhar vorher gebürlich zu resigniren und aufzusagen schuldig und verpflichtet sein solle." Daneben wurde dem Pastor zur Bedingung gemacht, „sich friedfertigen lebens und wandels zu befleißigen und sich nicht in gemeiner Stadt und Politische andere frembde Handel und sachen zu mischen." Die Bestallung ist doppelt angefertigt und das eine Exemplar anstatt eines Reverses unterschrieben und gesiegelt: „M. Antonius Burchardus manu sua".

Später finden wir das beiderseitige Kündigungsrecht nicht mehr erwähnt; dagegen sind aus der Zeit von 1622—1694 eine Anzahl von den Predigern ausgestellte Reverse vorhanden. Ein solcher, 1622 von dem zum Diakonus gewählten Johannes Langemake unterschriebener „Schein" lautete: „Ich Johannes Langemake bekenne hiemit für Gott vnd seiner Heiligen Kirche, demnach ich von H. Bürgermeisteren vnd Rhabe dieser guten Stadt Kiel in Holstein meiner geehrten Obrigkeit, zu einem Diacono ihrer Kirchen ordentlich beruffen, vnd nach solchem erlangeten beruff meine ordinationem bey dem fürstlichen Gottorfischen H. Praeposito rechtmeßig erlanget, auch darauff von Wohlgedachten Herren Bürgermesteren, Rhabe vnd Ministerio alhier zum Kiel legitime confirmiret worden, das ich derowegen in dem mir also befohlenen Seelsorgen vnd geistlichem Ambte angeregte meine H. Patronen, vorab aber die Hohe Landesfürstliche Obricheit in respective vnterthänigen vnd schuldigen ehren, mich gegen meine lieben Collegen brüderlich vnd sonsten in täglich Wesen vnärgerlich halten, vnd dabei mein Lehr Ambt nach Gottes Heiligen in den prophetischen schrifften begriffenen Wort, wie dasselbe in der Augspurgischen Confession, großen vnd kleinen Catechismo Lutheri, Schmalkaldischen Articulis, Formula Concordiae vnd andern Evangelischen reinen schrifften gelehret wird, vortragen, der Kirche Ordnung getrewlich nachsetzen, vnd was zur erbauw- vnd besserung dieser mir anbefohlenen Christlichen Gemeine dienlich, in Christlich Eyfer vnd ernst nützlich befunden hoffen wolle. Zu Uhrkundt habe ich diesen schein meinen oberegten Herren Kirche patronen Bürgermeister vnd Rhadt der Stadt Kiel vnter meiner Hand vnd Siegell außgegeben, so geschehen zum Kiel Anno 1622 Montag nach l'almar."

Aehnlich lautende Reverse sind vorhanden von: Hauptpastor Crüger 1629, Diakonus Christian Freimann 1635, Hauptpastor Christoph Becker 1637, Archidiakonus Johann Brawer und Diakonus Matthias Burchardi 1645,

Diakonus Christoph Francke 1694. Später findet sich derselbe Inhalt in den Bestallungen.

Eine landesherrliche Bestätigung der kieler Predigerwahlen scheint in dem ersten Jahrhundert nach der Reformation nicht statt gehabt zu haben. Wenigstens finden wir eine solche erst aus dem Jahr 1651, wo Herzog Friedrich „Krafft des Uns zustehenden juris episcopalis" die Wahl des Pastors Friedrich Jessen aus Tönning zum Hauptpastor in Kiel bestätigte.

Schon vorher hatte indeß der Herzog Friedrich wiederholt Versuche gemacht auf die Anstellung der Prediger Einfluß zu gewinnen. Als 1645 bekannt geworden war, daß der Hauptpastor Becker eine andere ihm angetragene Stelle annehmen werde, empfahl der Herzog „Unsern Holst. Praepositus, Pastor und Rector zu Bordesholm Ehrn Paulus Sperling, da bemeltes unser Bordeßholmisches Schulwesen disrumpiret, vermuthlich nicht sobaldt wiederumb zu vorigen Stande gelangen kann"; wobei allerdings hinzugefügt war: „Uns zu guedigen gefallen ohne Consequentz vndt Verbindtligkeit." Der Rath konnte indeß erwidern, daß Becker jene Berufung nicht angenommen habe, man also der herzoglichen Empfehlung nicht nachkommen könne.

Daß man sich aber überhaupt nicht beeinflußen laßen wollte, zeigte sich in demselben Jahr, als der Herzog für das vakante Diakonat sehr dringend den Sohn des Rathsherrn Cosmus Stevens empfahl. Derselbe, so hieß es in dem herzoglichen Schreiben, „sei wohl geschickt, habe während der Vakanz fast alle Sonntage gepredigt; dazu habe auch der Vater der Stadt gute Dienste gethan. Daher begehre der Herzog gnädig, daß man den Genannten für (vor) jemandt anders berufen und annehmen möge." Trotzdem es sich um den Sohn eines Rathsmitgliedes handelte, machte der Rath vielerlei Ausflüchte und hob hervor, er müsse der „Bürgerschaft freye vota einholen". Als der Herzog auf's Neue drängte, daß man den Kandidaten Stevens, „der von verschiedenen orten seiner qualiteten und sonderbaren erudition halber hochgerühmt worden", ohne Verweilung wählen möge, ließ der Rath durch die vier Quartiermeister den Bürgern die Sache vortragen. Die Antwort lautete indeß: „Alldieweil das jus patronatus Bürgermeister und Raht an diesem orthe, das jus nominandi et eligendi nebst Bürgermeister und Raht der Bürgerschaft und Gemeine dieser Stadt ohnstreitig verplieben", so hätten sie zum Herzog das Vertrauen, er werde sie bei diesen Rechten schützen. Sie bäten daher, noch einen oder zwei neben Herrn Johannes Stevens öffentlich predigen zu lassen und so freie Wahl zu gestatten. Stevens wurde nicht gewählt.

Eben so wenig Erfolg hatte im Jahr 1680 Herzog **Christian Albrecht**, als er für das erledigte Diakonat einen gewissen **Christoph Gronemann** empfahl. Obgleich es in seinem Schreiben hieß: „Wir bezweifeln nicht, ihr werdet diese, euch und eure gerechtsame allerdings unpräjudicirliche benachrichtigung in gehorsam und geziemende reflection ziehen", so wurde doch **Bernhard Burchardi**, Sohn des derzeitigen Hauptpastors Matthias Burchardi, einstimmig gewählt.

Beschränkung des Patronat- und Wahlrechts in Bezug auf das Hauptpastorat. Nach Errichtung der Universität trat das akademische Konsistorium, wie schon oben erwähnt ist, als dritte Wahlkurie neben das Stadt-Konsistorium und die Sechzehn-Männer. Allerdings geschah dies nicht ohne ernstliches Sträuben seitens des Magistrats, aber wie die Geschichte des Verlustes der ehemaligen Stadtdörfer[1], die durch den „Permutations-Kontrakt" im Jahr 1667 förmlich an den Herzog abgetreten waren, zeigt, war die Selbstständigkeit des Magistrats mehr und mehr dem fürstlichen Absolutismus erlegen. Der Herzog hatte die Berücksichtigung der theologischen Professoren bei Vakanzen des Hauptpastorats und gleichzeitig für den akademischen Senat ein Votum bei den Predigerwahlen gefordert. Die Ant-

---

[1] F. Volbehr: „Zur Geschichte der ehemaligen Kieler Stadtdörfer."

wort des Magistrats an den Herzog vom Jahr 1677 war theils gewierig, theils ablehnend. Obgleich viele erhebliche Motive vorhanden, welche dem Ersteren im Wege stünden, wollten doch Bürgermeister und Rath „zu unterthänigster Schuldigkeit" erklären, daß sie auf diejenigen Professoren, „so zum Predigen capabel", reflektiren und sie mit zur Wahl bringen würden, jedoch mit dem ausdrücklichen Vorbehalt, daß der „also electus et vocatus" nicht als „Doctor und Professor, sondern nur als Haubt-Prediger bei unß consideriret, also auch er im Consistorio und andern congressibus Senatus cum Ministerio keinen andern Rang und seßion oder auch ordnung im votiren, alß der p. t. Haubt-Pastor zu genießen gehabt, praetendire." Es vergingen indeß noch 20 Jahre, bevor zum ersten Mal das Hauptpastorat einem Professor verliehen ward.

In Betreff der zweiten Forderung sträubte sich der Magistrat weit entschiedener. Er sagte: „diese mutation sei eine schwer einzugehende Sache, sie würde die wohlhergebrachten und gnädigst bestettigten Gebräuche und jura beschränken und besorgliche praejudicia mit sich führen; denn jede Veränderung in einem wohlgeordneten Gemeinwesen sei immer gefährlich und dürfe nicht leichtsinnig vorgenommen werden. Der akademische Senat, welcher nichts zur Unterhaltung der Geistlichen und der Kirche hergebe, werde bei dem Wahlakt das erste Wort haben wollen und die theologischen Professoren vor andern Bewerbern bevorzugen, was leicht zu Zwistigkeiten führen, auch die vocandos von annehmung der vocation deterriren und also die Besetzung der vacantien detrainiren könnte. Dieses würde kein geringes scandalum in der Gemeinde verursachen. Auf anderen Universitäten sei solches auch nicht gebräuchlich, in den Privilegien der hiesigen Professoren sei nichts davon enthalten und bei den stante hac Academia bereits vorgefallenen vacantien sei es niemals affectiret. Es würde vor der posterität schwer zu verantworten, den alten und betagten Mitgliedern der bisherigen Wahlkollegien aber würde es sehr schmerzlich sein." Schließlich wird hinzugefügt, „es könnten auch die hier Häuser habenden Adeligen und die Klösterlich Itzhoe'sche wegen der hier zur Kirche gehenden Dörfer (Meimersdorf) bey der Wahl mit zu seyn praetendiren."

Trotz dieses entschiedenen Protestes dauerte es doch nur 2 Jahre, bis der Herzog und die Universität ihren Willen bekamen, und der Magistrat dem akademischen Konsistorium das Wahlrecht zugestehen mußte. Durch einen Erlaß vom 18. September 1679 legte der Herzog „der hiesigen Akademie als mitzuhörern, an der gemeine, ein suffragium (Stimmrecht) mit bei", und am 20. Oktober 1679 wurde eine betreffende Vereinbarung vom Magistrat mit der Universität geschlossen. Diese hatte die erste Stimme („primum votum") verlangt, was jedoch nicht zugestanden wurde. Man einigte sich dann dahin, daß drei Tage vor der Wahl die Namen der Präsentirten dem Rektor mitzutheilen seien, worauf das akademische Konsistorium sein Votum feststellen solle. Das Konsistorium habe darauf am Wahltage auf dem Rathhause „per deputatos" zu erscheinen, habe daselbst einen „honorablen Platz" zu erwarten und die Nomination anzuhören. Dann sollten je zwei Deputirte der drei Wahlkollegien in der „Audienz" (der jetzigen Kurie) zusammentreten, je einer das Votum seines Kollegiums in Händen haben, „welche drey ihre Hände zugleich absque ulla prioritate in einen offerirten Hut stecken und die schriftlichen vota darein fallen laßen könnten." Dem Rathe als Patron sollte der Hut dann übergeben, die Stimmzettel gleichzeitig herausgenommen, in der Stille verlesen und den übrigen Mitgliedern mitgetheilt, und darauf „die Person, so durch die vota eligiret worden, a Senatu als Patrone benominirt werden." Wenn dies geschehen, so könnten die Vota frei auf den Tisch gelegt und gelesen werden. Es wurde darauf zwei Tage später, am 22. Oktober 1679, nach diesem Wahlmodus die Wahl des Archidiakonus Giese zum Hauptpastor vorgenommen. Die beiden Deputirten der Akademie Dr. Francke (Professor der Theologie) und Dr. Martini (Professor der Rechte) erschienen auf dem Rathhause und wurden an den, „mitten in der audienz gesetzten" Tisch genöthigt, worauf dann das Kollegium der Sechzehn-Männer in die Stube gerufen wurde.

Am 22. Decbr. desselben Jahres wurde wegen Wiederbesetzung des Archidiakonats mit den akademischen Deputirten „in der Kirche beliberirt" und nach eingeholter Zustimmung des akademischen Konsistoriums der Diakonus Webberkop, „ohne daß jemand mehr mit ihm uffgestellet, citra praejudicium zum Archidiakonus vocirt."

Längere Zeit scheint zwischen dem Magistrat und der Universität bei den Predigerwahlen ein gutes Einvernehmen geherrscht zu haben. So wurde unter andern 1694 der cand. minist. Wolfgang Christian Francke mit den beiden Stimmen des Raths und der Universität gegen die Stimme der Sechzehn-Männer zum Diakonus gewählt.

Als im Herbst 1696 der Hauptpastor Webberkop gestorben war, kam die schon 1677 von Herzog Christian Albrecht gestellte und auch von der Stadt eingeräumte Forderung, bei der Besetzung des Hauptpastorats vorzugsweise auf einen Professor Rücksicht zu nehmen, zur Ausführung. Damit war dann nicht allein der Anlaß zu mancherlei Zwistigkeiten zwischen dem Magistrat und dem akademischen Konsistorium gegeben, sondern auch der erste Schritt zur unmittelbaren Ernennung der Hauptpastoren durch den Landesherrn geschehen, wodurch das Patronats- und Wahlrecht der Stadtkollegien widerrechtlich beschränkt ward.

Herzog Friedrich IV. schrieb unter'm 19. Decbr. 1696 dem Magistrat: „Da Wir aus bewegenden Ursachen gnädigst wollen, daß mit der vacirenden Pastoratwahl zum Kiehl nicht zu eilig verfahren, sondern biß zu unserer gnädigsten Verordnung damit eingehalten werde, Alß befehlen Wir euch hiemit gnädigst, daß ihr euch darunter nicht übereilet, sondern dieselbe biß zu unserer weiteren gnädigsten Verfügung differiret." Und in einem weiteren Schreiben vom 15. März 1697 heißt es dann: — — — „So haben Wir nicht wenige Sorge getragen, wie der Dienst bei so ansehnlicher Gemeinde hinwieder mit einem tüchtigen Subjecto versehen werde. Alß Uns nun Unseres Professoris Theologiae bei Unser Universität Henrici Muhlii sonderbahre Erudition, geschicklichkeit und gaben im Predigen gerühmt, — — haben Wir in Betracht dessen, als auch weilen in Statutis academiae enthalten, daß in Besetzung solchen Dienstes für allen andern auf die in Facultate theologica sich befindenden dazu tüchtigen Subjecta zu reflectiren, sothanen Muhlium in Vorschlag bringen wollen, mit gnädigstem Begehren, dazu anzunehmen, zu vociren und anhero zu unserem General-superintendenten Sandthagen ad ordinandum zu senden. Wir versehen uns dessen ganz gewiß." Der Magistrat gehorchte, erlangte jedoch „auf Bittschrift" eine nachträgliche „Declaration" des Herzogs, daß das Rescript „Senatum Koloniensem und die Gemeine in ihren wohlhergebrachten juribus nicht kränken und die Vocation weder jetzt noch künftig zum Präjudiz dienen solle." Daß diese Einräumung eine nachgerade bedeutungslos gewordene Redensart sei, wird der Magistrat sich gewiß nicht verhehlt haben. Die Ereignisse bestätigten es bald.

Muhlius trat schon nach einem Jahr, weil er zum Generalsuperintendenten ernannt war, vom Hauptpastorat zurück. Die Wiederbesetzung der Stelle führte zu einer vollständigen Niederlage des Magistrats. Es wurden nämlich der Archidiakonus Burchardi zum Hauptpastor und der Diakonus Francke zum Archidiakonus gewählt, doch seitens des Herzogs diese Wahlen für ungültig erklärt. Zuerst erfolgte ein Schreiben des Herzogs vom 25. April 1698, durch welches die Vornahme der Diakonatswahl „bei 400 Thlr. ex propriis zu erlegender poen" bis auf fernere gnädigste Verordnung untersagt ward, weil die Wahl eines Pastors und Diakonus überstürzt vorgenommen sei, ohne daß der Professor Dr. Opitz Gelegenheit gehabt habe, sich hören zu lassen. Der Magistrat vertheidigte sich in einer ausführlichen Darlegung des Herganges: die anderen Prediger hätten nach Muhlius' Abgang wegen Geschäftsüberhäufung auf

Wiederbesetzung des Pastorats gedrängt. Der Wahltermin sei vorschriftsmäßig dem akademischen Senat angezeigt, und derselbe sei gefragt, ob ein Professor mitpräsentirt werden wolle. Als solcher sei Dr. Opitz genannt und dann mit dem Archidiakonus Burchardi und Diakonus Francke vom Rath präsentirt worden. Die Universität sei zur Wahl eingeladen, und zugleich sei ihr mitgetheilt worden, daß die Archidiakonatswahl, falls Burchardi zum Hauptpastor gewählt werden würde, sofort werde vorgenommen werden; präsentirt seien in diesem Falle für dieselben Diakonus Francke, Pastor Giese in Schönkirchen und Pastor Heins in Bovenau. Die Universität habe zuerst gegen diese Ansetzung der Archidiakonatswahl (die jedenfalls auch ordnungswidrig war) protestirt, dann im Termin eine Verschiebung der Pastoratswahl gefordert, damit die Bürger den Professor Opitz erst hören könnten. Letzteres sei jedoch vom Magistrat nicht für erforderlich gehalten, da seine Predigten, „die er von alters gethan", noch bekannt sein würden. Da nun Alles vorschriftsmäßig und nach dem Herkommen verhalten, sei man zur Pastorwahl geschritten, die Deputirten der Universität hätten sich jedoch unter Protest entfernt, beide andere Kurien aber einstimmig Burchardi gewählt. Man habe dann die Archidiakonatswahl auf eine Stunde später angesetzt und den Prorektor davon benachrichtigt, doch sei von diesem die Betheiligung der Universitäts-Deputirten verweigert. Diakonus Francke sei gewählt; Bürgermeister und Rath bäten um Bestätigung der beiden Wahlen."

Das hier geschilderte Vorgehen des Magistrats muß von vorneherein als ein verunglückter Versuch angesehen werden, die bereits theilweise aufgegebenen und verlorenen Rechte auf Umwegen wieder zu gewinnen. Ein Schreiben der „Hochfürstlichen Justiz-Canzlei" vom 16. Mai 1698 erklärte auf's Neue, Bürgermeister und Rath seien überstürzt verfahren; sie hätten Opitz und die beiden andern vorher vor der Gemeinde predigen lassen sollen; die Wahl sei ungültig und gegen das Dekret von 1697. Die gewöhnlichen Probepredigten seien zu halten, und dann sei zur Wahl zu schreiten. Dazu scheint es indeß nicht gekommen zu sein. Burchardi blieb Archidiakonus und die Besetzung des Hauptpastorats verzögerte sich fast ein ganzes Jahr. Doch wird auch Dr. Opitz (seit 1675 Professor in Kiel, gestorben 1712) seine weitere Bewerbung um das Pastorat aufgegeben haben, denn Herzog Friedrich berief am 9. März 1699 den bisherigen Professor in Wittenberg Dassow an die kieler Universität und ernannte ihn zugleich zum Hauptpastor.

Damit war dem Magistrat thatsächlich das Patronat und den Wahlkurien das Wahlrecht für die Hauptpastorstelle an St. Nikolai genommen. In der herzoglichen Vokation des Professors Dassow heißt es einfach: „Wir urkunden und bekennen hiermit, daß Wir den ――― Dassovium nicht allein zum Professorem ordinarium Theol. et linguar. orientalium auff unserer Universität zum Kiel, sondern auch zum Hauptpastoren an der St. Nicolai Kirchen daselbst gnädigst vociret und angenommen haben." Ein Mandat des Herzogs an den Rath, datirt Kiel, 16. Mai 1699, lautet: „Euch ist bekannt und laßen wir euch hiemit in gnaden unverhalten, welcher gestalt wir den ――― Dr. Dassovium zu Unserm Professor Theologiae und Pastore Primario allhier gnädigst vocirt ――― So befehlen wir euch hiemit gnädigst, daß ihr demselben das Pastorat Hauß auch andere zum Pastorat gehörige emolumenten und Gerechtigkeiten ungesäumt anweiset." Wenn dann weiter in einem Schreiben aus Gottorf vom 14. Juni 1699, welches vielleicht durch eine (in den Akten nicht vorhandene) Beschwerde des Magistrats veranlaßt ist, der Herzog sagt, er habe durch die Ernennung „eurem habenden Juri Patronatus zu praejudiciren nicht gemeinet", und wenn er zugleich dem Magistrat aufträgt, dem Dr. Dassow „mit dem fördersamsten eine förmliche vocation zuzufertigen", so hat dies nach dem bisherigen Verlauf der Sache kaum noch eine Bedeutung. Nach einem in den Akten befindlichen Koncept einer „Anzeige und Bitte von Bürgermeister und Rath" (ohne Datum) haben allerdings letztere nicht unterlassen, mit Dank dafür daß „durch Anordnung der Vocation der Herzog das Patronatsrecht nicht habe alteriren wollen", die Hoffnung auszusprechen, der Herzog werde bei künftiger Gelegenheit Rath und Bürgerschaft in ihrem Wahlrecht nicht hindern. Dr. Dassow scheint auf seine „Vocation" durch den Rath kein besonderes Gewicht gelegt und sich nicht als dem Rath untergeordnet angesehen zu haben, denn es findet sich von ihm ein Schreiben an den Bürgermeister Dr. jur. Adolphi vom 21. Juni 1699, seine Ordination und Einführung betreffend, in welchem er Bürgermeister und Rath einladet, „diesem Akt mit ihrer angenehmen Gegenwart geneigt beyzuwohnen."

Als Dassow 1712 zum Generalsuperintendenten für den königlichen Antheil der Herzogthümer und Propsten in Rendsburg berufen worden war, ernannte Herzog Christian August (in Vormundschaft für den minderjährigen Herzog Karl Friedrich) ohne Weiteres den Professor Albertus zum Felde zum Hauptpastor. Der Generalsuperintendent Dr. Muhlius benachrichtigte den Rath, er sei beauftragt, den „Vocirten" einzuführen und legitimirte sich dabei durch eine betreffende Ordre des Administrators. Es scheint also nicht einmal eine direkte Mittheilung seitens der Regierung an den Rath über die Ernennung ergangen zu sein.

Dr. zum Felde starb 1720. Die beiden anderen Prediger, Archidiakonus Jensen und Diakonus Klippe, richteten nun eine Eingabe an den Magistrat, in welcher sie ausführten, daß die Verbindung des Hauptpastorats mit einer Professur unthunlich sei, da so keinem der beiden Aemter genügt werden könne; auf die beiden anderen Prediger falle die ganze Last; daher möge beim Herzog die Aufhebung der Verbindung der beiden Aemter erwirkt werden. Dies wird geschehen sein; denn Herzog Karl Friedrich theilte in einem Schreiben vom 28. Februar 1721 mit, der Generalsuperintendent Muhlius sei beauftragt, den Hofprediger Friccius „ad interim und bis Wir denselben etwa anders wohin translociren möchten" als Hauptpastor einzuführen, und fügt hinzu: „Wie auch bereits unsere gnädigste intention, daß das Professorat mit dem Hauptpastorat, insonderheit aber bei dieser vacance nicht zu continuiren."

Herzog Karl Friedrich war kurz vorher wieder in den Besitz des holsteinischen Antheils des herzoglich schleswig-holstein-gottorfischen Gebiets gelangt, nachdem während der vieljährigen Feindseligkeiten zwischen den beiden schleswig-holsteinischen Landesherren König Friedrich IV. seit dem 13. März 1713 auch Kiel und die andern herzoglichen Bezirke besetzt gehalten hatte. Den gottorfischen Antheil des Herzogthums Schleswig vereinigte der König damals definitiv mit seinem übrigen Gebiet. Gleich anderen herzoglichen Beamten hatte auch der Hofprediger zu Gottorf, Friccius, schon 1713 seine verschiedenen Aemter verloren, durch die kieler Stelle wollte ihm der Herzog jetzt Ersatz bieten. Die beiden anderen Prediger protestirten bei'm Magistrat gegen diese Berufung, „weil der Kirchenrath Friccius das Gedächtniß und die Leibeskraft ganz verloren und einer solchen schweren Function nicht genügen könne." Derselbe habe auch die Absicht, nur seine Antrittspredigt zu halten und dann einen „aus Hamburg mitgebrachten Studenten" für sich predigen zu lassen. Es dürfe aber die Wohlfahrt so vieler Tausend Seelen nicht dem zeitlichen Interesse eines Mannes vorgezogen werden. Die Vorstellung des Magistrats, in welcher jedoch das alte Patronats- und Wahlrecht gar nicht mehr erwähnt wird, bewirkte zwar einen Aufschub der Einführung, doch erhielt Friccius die Stelle, indem der Herzog gestattete, daß er sich durch einen Adjunkten vertreten lasse.

Nachdem Friccius 1723 gestorben war, wurde der Archidiakonus Jensen vom Herzog unmittelbar zum Hauptpastor ernannt. Die Verbindung des Hauptpastorats mit einer ordentlichen Professur hatte damit ihr Ende erreicht, doch war das Patronat und das Wahlrecht für das Hauptpastorat jetzt völlig verloren. Die Ernennungs-Urkunde für Jensen liegt nicht vor, aber eine Eingabe von Bürgermeister und Rath aus dem Jahr 1724 zeigt, wie diese sich völlig in die Sache gefunden haben, denn sie erstatten dem Herzog nur ihren „unterthänigsten Dank, daß er unserm gewesenen Archidiakono Jensen die Gnade erwiesen habe, ihm das Haubt-Pastorat zu conferiren." Jensen starb schon 1727. Der Herzog Karl Friedrich ernannte darauf den bisherigen Archidiakonus Volckmann zum Hauptpastor, „jedoch ohne wegen sothaner adscendirung jemahle daraus zu machende Consequence." Der Herzog wollte sich nicht binden; doch sind die meisten der nachfolgenden Hauptpastoren aus dem Archidiakonat aufgerückt: so 1735 der Archidiakonus Seelhorst, ernannt durch Karl Friedrich, 1757 Archidiakonus Bruns, ernannt durch Herzog Peter (Großfürsten von Rußland), Karl Friedrich's Sohn.

Nach dem 1773 erfolgten Austausch des herzoglichen Gebiets an den König Christian VII. von Dänemark und der Vereinigung mit dem übrigen Schleswig-Holstein machte der Magistrat, als im Jahr 1777 Pastor Bruns gestorben war, nochmals den Versuch, das verlorene Patronats- und Wahlrecht über das Hauptpastorat wieder zu erlangen und richtete an den König eine Vorstellung, in welcher er für seine Ansprüche auf die in den früheren unmittelbaren Ernennungen der Hauptpastoren wiederholt ausgesprochene Versicherung, daß seine Patronatsrechte nicht geschädigt werden sollten, sich berief. Es wurde indeß, wie zu erwarten stand, das Gesuch Namens des Königs durch die damalige königliche Regierung in Glückstadt abschlägig beschieden. „Wie nun der Ungrund", heißt es in dem Erlaß vom 5. März 1778, „dieser Behauptung durch Unseren General-Superintendenten Hasselmann überzeugend gethan worden: so geben Wir euch hiermit zu erkennen, daß dem angebrachten, auf eure angebliche Wahlbefugnisse gegründeten, Gesuch nicht zu deferiren stehe."[1]) Der Archidiakonus Langheim, welchem

---

[1]) Dies Gutachten, welches wir nicht in den Akten finden, bezog sich wahrscheinlich auf eine Fürstl. Verordnung vom 28. April 1701, nach welcher sich die Fürstl. Regierung die Besetzung der Hauptpastorate in den Städten vorbehielt (Systemat. Sammlung I. 96).

kurz vor dem Austausch noch seitens der damaligen großfürstlichen Regierung schon die Zusicherung gegeben war, daß er beim Abgang des Pastors Bruns in dessen Stelle aufrücken solle, wurde zum Hauptpastor ernannt. Ihm folgte 1785 der bisherige Archidiakonus Meyer, welcher seit 1776 zugleich außerordentlicher Professor an der Universität war. Doch ist in der letztgenannten Stellung keineswegs die ehemalige Verbindung des Hauptpastorats mit einer ordentlichen Professur zu sehen.

Die nachfolgenden Ernennungen für das Hauptpastorat gingen ohne Zwischenfälle vor sich. Im Jahre 1795 wurde der bisherige Superintendent und erste Prediger bei der lutherischen Gemeinde in Wien, Johann Georg Fock, ein geborner Holsteiner, berufen, der das Amt 40 Jahre verwaltete. Sein Nachfolger ward der bisherige Archidiakonus Klaus Harms, dem schon vorher das Hauptpastorat und das Amt eines Kirchenpropsten der Propstei Kiel zugesichert war, nachdem er einen Ruf nach Berlin als Nachfolger Schleiermacher's in dessen Predigtamt abgelehnt hatte. Harms erhielt am 22. December 1848, da er das Augenlicht fast verloren hatte, die erbetene Pensionirung unter Beilegung einer Pension von 3000 ℔, und die damalige „Gemeinsame Regierung" ernannte am 25. Mai 1849 den Archidiakonus Wolf zum Hauptpastor. Derselbe blieb jedoch nur bis zum Sommer 1854 im Besitz dieses Amtes, da er zu den wenigen während der Jahre der schleswig-holsteinischen Erhebung gewählten oder ernannten holsteinischen Predigern gehörte, deren Bestallung die Bestätigung der wiederhergestellten Regierung des Königs von Dänemark nicht erhielten. Eine Anzahl anderer Prediger wurde unter'm 2. Februar 1854 in ihrer Stellung bestätigt, „obwohl ihre Betheiligung an den durch das Verfahren der Geistlichen im Herzogthum Schleswig in den Jahren 1849 und 1850 veranlaßten Erklärungen und Adressen Allerhöchst mißfällig wahrgenommen worden." Wolf mußte außer Landes ein neues Amt suchen. Zu seinem Nachfolger ward am 12. April 1854 der

bisherige Pastor in Altenkrempe, Hasselmann, ernannt.
Da auch die erste, durch die Gemeinsame Regierung erfolgte,
Entlassung von Harms nicht als gültig angesehen wurde, so
hatte dieser beim König nochmals um Entlassung nachsuchen
müssen, die ihm am 6. December 1852 dann „in Gnaden
allerhuldreichst" ertheilt ward.

Hasselmann blieb bis 1866 im Amt und kam dann
um seine Pensionirung ein, welche ihm auch zum 1. Juli
d. J. gewährt wurde; weil aber gleichzeitig das Archidiakonat
erledigt wurde, so führte er die Amtsgeschäfte bis zum Amts-
antritt seines Nachfolgers weiter. Die Wiederbesetzung des
Hauptpastorats lag damals in der Hand des, nach der Besitz-
ergreifung Holsteins durch den König von Preußen ein-
gesetzten, mit außerordentlichen Vollmachten versehenen,
Oberpräsidenten, Freiherrn von Scheel-Plessen.
Statt jedoch sofort nach eigenem Ermessen die Ernennung
vorzunehmen, berief derselbe 7 der angesehensten Prediger
des Landes zu Probepredigten: Pastor Clausen in Glückstadt (jetzt Konsistorialrath und Pastor in Brügge), Pastor
Jensen in Norderbrarup (jetzt Generalsuperintendent für Holstein), Pastor Jungclaussen in Schwansen, Hauptpastor
Mau zu Burg in Süderdithmarschen (jetzt auch Propst von
Süderdithmarschen), Propst Meßtorff, Kompastor in Rellingen († 1876), Propst und Hauptpastor Reelsen in Plön
(jetzt Hauptpastor in Ottensen), Pastor Ziese in Gelting (jetzt
Propst und Pastor in Schleswig). Dieselben predigten an 7 nach
einander folgenden Sonntagen. Entsprechend einem ausführlichen Gutachten des Stadtkonsistoriums, welches den Pastor
Jensen in erster Linie empfahl, wurde dieser dann am
20. September 1866 von dem Oberpräsidenten zum Hauptpastor ernannt, blieb jedoch nur 6 Jahre in dieser Stellung,
da er am 16. Oktober 1872 vom König zur Generalsuper-
intendentur für Holstein berufen ward und am 10. Decbr. desselben Jahres dieses Amt antrat. Vorher hatte er seit dem 1.
Jan. 1872 nicht mehr als Hauptpastor der Gemeinde Kiel, sondern als Pastor des neugebildeten Nikolai-Pfarrbezirks fungirt.

Eine Theilung der immer größer gewordenen kieler Pfarrgemeinde in 4 Pfarrbezirke, seit lange geplant, war nämlich mit dem genannten Tage in's Leben getreten. Daß eine Vermehrung der geistlichen Kräfte Bedürfniß sei, war schon seiner Zeit von Harms empfunden. Derselbe hatte daher, freilich ohne Erfolg, eine Wiederherstellung des 1797 aufgehobenen Diakonats beantragt. In den 40er, dann lebhafter in den 50er Jahren wurde die Sache wieder aufgenommen. Bischof Koopmann hatte nach den 1856 und 1859 in Kiel gehaltenen Generalkirchenvisitationen auf diese Angelegenheit wiederholt in seinen Berichten an das Ministerium hingewiesen, das Stadtkonsistorium hatte ein abgefordertes Bedenken eingesandt, und ein freiwilliges Kirchenkomité (unter Vorsitz des derzeit in Kiel wohnenden Herzogs Karl von Schleswig-Holstein-Glücksburg, bestehend aus Graf H. A. v. Brockdorff, den Kaufleuten Brauer, Faber und Kruse, dem Professor der Theologie Dr. Fricke, dem Gutsbesitzer Trummer auf Projensdorf, dem Advokaten (jetzt Regierungsrath a. D. und Stadtrath) Kraus, dem Kammerrath Krichauff, dem Hutfabrikanten Jungjohann, dem Drechsler Arp und dem Studirenden der Theologie H. v. Brunn-Neergaard) war zusammengetreten, um einen „Entwurf einer evangelischen Gemeindeordnung, in besonderer Berücksichtigung der Gemeinde Kiel"[1]) auszuarbeiten. Am 17. August 1861 ernannte dann das holstein-lauenburgische Ministerium eine Kommission zur Erörterung des Plans einer Umgestaltung der kieler Kirchengemeinde (bestehend aus dem Oberdirektor, Kurator und Amtmann Graf A. zu Reventlow, Bürgermeister Kirchhoff, Hauptpastor Hasselmann, Kirchenrath Professor Lüdemann, Senator Thomsen, Senator Volckmar und Kirchenjurat Petersen). Das freiwillige Kirchenkomité theilte dieser Kommission seine Arbeit mit und richtete gleichzeitig eine Vorstellung an das

---

[1]) Kieler Wochenblatt 1862 Nr. 66, 68—71. Auch im Separatdruck 1862 erschienen.

Ministerium wegen Hinzuziehung der Gemeinde bei der Aenderung des kieler Kirchenwesens. Die Kommission beendete ihre Arbeit rasch und sandte ihren Bericht bereits am 21. April 1862 an das Ministerium ein. Diese in 22 Paragraphen enthaltene „Vorläufige Ordnung der kirchlichen Verhältnisse der kieler Stadt- und Landgemeinde" wurde dann der öffentlichen Beurtheilung im „Kieler Wochenblatt"[1]) unterbreitet. Beide Entwürfe hielten die Einheit der ganzen Kirchengemeinde aufrecht, wenn auch in von einander abweichenden Formen; die officielle Kommission wollte 4 mehr gesonderte Kirchspiele, die freiwillige Kommission 5 Pfarrbezirke; beide verlangten allgemeine Predigerwahl, Verwaltung der kirchlichen Angelegenheiten durch Gemeindevertreter, feste Einnahme der Prediger aus der Kirchenkasse. Die politischen Ereignisse der nächsten Jahre ließen aber gleich manchem Anderen, diese wichtige Frage des kieler Kirchenwesens für längere Zeit in den Hintergrund treten. Erst die „Gemeindeordnung für die evangelisch-lutherischen Kirchengemeinden der Provinz Schleswig-Holstein vom 16. August 1869" bot dann die Grundlage, auf welcher das mit dem 1. Januar 1872 zur Ausführung gelangte, von der königlichen Regierung zu Schleswig und dem königlichen evangelisch-lutherischen Konsistorium zu Kiel unter'm 17. November 1871 genehmigte, „Regulativ über die Eintheilung der kieler Kirchengemeinde in Pfarrbezirke" erlassen werden konnte. Dasselbe enthielt jedoch noch nichts über das jetzt den Gemeindemitgliedern zustehende Recht, die Prediger zu wählen. Erst durch ein „Regulativ über die Besetzung der Predigerstellen in der kieler Kirchengemeinde vom 30. November 1874" wurde nach langen Verhandlungen auch dies geordnet. Schon 1835 hatte der Magistrat die Abschaffung der Kuriatwahlen angeregt, auch das akademische Konsistorium hatte seinerseits sich nicht abgeneigt gezeigt, auf sein Recht zu verzichten, dafür jedoch verlangt, daß ihm seitens des Magistrats als Patrons das Recht abgetreten würde,

---

[1]) Kieler Wochenblatt Jahrg. 1862 Nr. 64. Auch separat erschienen.

einen der jedesmaligen drei Kandidaten zu präsentiren. Damit scheinen die damaligen Verhandlungen abgebrochen zu sein, um erst vierzig Jahre später wieder aufgenommen und schließlich mit Erfolg beendet zu werden. Das Wahlrecht wurde durch dies Regulativ für jeden einzelnen Pfarrbezirk den stimmberechtigten Mitgliedern desselben, für die Wahl des Adjunkten der ganzen Gesammtgemeinde gegeben. Die Präsentation für das Pastorat des St. Nikolaibezirks erhielt das königliche Konsistorium, für die Pastorate des St. Jürgen- und des Heiligengeist-Pfarrbezirks, sowie für die Adjunktur der Magistrat, für das Pastorat des Jakobibezirks der Kirchenvorstand.

Diese kurzen Andeutungen über die gegenwärtig zu Recht bestehenden kirchlichen Einrichtungen mögen genügen, um für die veränderte Form der weiteren Besetzungen des ehemaligen Hauptpastorats die Erklärung zu geben.

Durch königliche Verordnung vom 24. September 1867 war für die Provinz Schleswig-Holstein ein **evangelisch-lutherisches Konsistorium zu Kiel** errichtet. Dasselbe trat am 28. Mai 1868 in's Leben, bestehend aus einem weltlichen Vorsitzenden, den beiden Generalsuperintendenten, 3 anderen geistlichen und 1 weltlichen Rath.[1]) Zu den Obliegenheiten des Konsistoriums gehörte u. A. die Berufung zu denjenigen geistlichen Stellen, für welche bisher dem Landesherrn die Ernennung zustand. In Folge dessen ernannte das Konsistorium zum Nachfolger des jetzigen Generalsuperindenten Jensen den Diakonus an St. Michaelis in Hamburg Behr-

---

[1]) Die ersten Mitglieder waren: Präsident, Dr Mommsen, Generalsuperintendent für Holstein Bischof Dr. Koopmann († 1871), Generalsuperintendent für Schleswig Dr. Godt, Propst und Hauptpastor Versmann in Itzehoe († 1873), Klosterprediger Rendtorff in Preetz († 1868), Hauptpastor Jensen in Kiel (seit 1872 Generalsuperintendent), Dr. jur. Chalybäus (seit 1882 Mitglied des Landeskonsistoriums in Hannover). Später sind eingetreten: 1874 Prof. Dr. theol. Weiß (seit 1877 in Berlin), Propst Dr. Schwartz in Garding, Pastor Clausen in Brügge; 1876 Superintendent Dr. Brömel in Ratzeburg; 1882 als Konsistorial-Assessor Dr. jur. Stockmann.

mann zum Pastor des St. Nikolai-Pfarrbezirks, da diese Stelle als aus dem bisherigen Hauptpastorat entstanden anzusehen ist. Behrmann wurde jedoch schon 1879 an seine frühere Kirche als Hauptpastor zurückberufen, und entsprechend dem Regulativ von 1874 erfolgte für die Anstellung seines Nachfolgers nicht mehr eine unmittelbare Berufung seitens des Konsistoriums, sondern nur die Präsentation von drei Bewerbern, aus denen durch Mehrheit der, von den wahlberechtigten Mitgliedern des Pfarrbezirks nach gehaltenen Wahlpredigten abgegebenen, Stimmen der gegenwärtige Pastor Augustin Wilhelm Becker gewählt wurde.

Patronat- und Wahlrecht in Bezug auf die beiden Diakonate sind in alter Weise im Allgemeinen bis zu der neuesten Umgestaltung ersteres dem Magistrat, letzteres den Wahlkurien erhalten geblieben. Indeß hat doch die Geschichte der Besetzung dieser Stellen manche Zwischenfälle aufzuweisen, die gleich denjenigen bei der Besetzung des Hauptpastorats, wenn auch nur kleine, so doch charakteristische Beiträge zur Geschichte der nicht immer freundschaftlichen Beziehungen zwischen der fürstlichen Regierung, dem Magistrat und der Universität geben und zeigen, welches Gewicht lange Zeit hindurch auf Formen gelegt wurde, die uns geringfügig erscheinen, und wie man hartnäckig an Vorrechten festhielt, die erst abgeschafft sind, als sie sich längst überlebt hatten.

Ohne Versuche Seitens der Landesherren, Beeinflussungen zu üben, ging es auch hier nicht ab. Daß Herzog Friedrich III. im Jahr 1645 und Herzog Christian Albrecht 1680 vergebens auf die Diakonatwahl einzuwirken suchten, ist an anderer Stelle bereits erwähnt. Nach der Wahl des Archidiakonus Giese im Jahr 1678 verlangte Herzog Christian Albrecht, daß derselbe, bevor er ihn bestätige, „vor Sr. Hochfürstl. Durchl. eine Predigt abstatte"; und erst als dies geschehen, erfolgte mit der Bemerkung, daß der Herzog „darob ein gnädigstes Vergnügen gehabt" die Bestätigung der Wahl.

Wenn auch vielfach bei Erledigung des Archidiakonats,

unbeschadet des Patronat- und Wahlrechts, ein Aufrücken des Diakonus vorkam, so war dies doch keineswegs immer der Fall. Im Jahr 1679 wurde der Diakonus Wedderkop, nach eingeholter Zustimmung des akademischen Konsistoriums, „ohne daß jemand mehr mit ihm ufgestellet, citra praejudicium, zum Archidiakonus vocirt". Ebenso wurde Diakonus Francke 1694 allein zum Archidiakonus vorgeschlagen und gewählt. Als letzterer 1716 starb und gleichzeitig das Diakonat vakant war, wurden 3 Prediger zur Wahl aufgestellt und von ihnen der Pastor Jensen aus Sarau gewählt. Da in dieser Zeit das herzogliche Gebiet vom König Friedrich IV. besetzt gehalten ward, so suchte der Magistrat sowohl bei dem König, wie bei dem in Hamburg sich aufhaltenden, für den unmündigen Karl Friedrich regierenden, Administrator Herzog Christian August die Bestätigung der Wahl nach, die dann auch von beiden ertheilt ward. In sein Amt eingeführt wurde der Neugewählte im Herbst 1717 durch den königl. General-superintendenten Dassow aus Rendsburg, der gleichfalls den im Jahr 1716 gewählten Diakonus Klippe eingeführt hatte. Danach war also ein mit der Wahlbestätigung des Administrators schon am 11. Mai 1717 an den kieler Hauptpastor ergangener Auftrag zur Einführung nicht zur Ausführung gelangt.

Auffällig muß es erscheinen, daß in dieser Zeit, wo es um die herzogliche Sache so traurig stand, seitens des Administrators ein Versuch gemacht ward, dem zur Nikolaikirche eingepfarrten fürstlichen Gut Kronshagen die Mitwirkung bei den Wahlen zu verschaffen. Mit Berufung auf die Land-gerichtsordnung und die hochfürstliche Kirchen-Konstitution von 1711, in welcher verordnet wird, daß bei Predigerwahlen alle Zuhörer viritim stimmen sollten, hatte der damalige Pächter des Guts, Landsasse von Brockdorff auf Klein-Nordsee, veranlaßt durch den Administrator, schon 1716 bei der Diakonatswahl Stimmrecht für die Kronshagener ver-langt, welche Forderung er bald darauf bei der Archidiakonat-wahl wiederholte. Der Magistrat wies das Verlangen zurück, und als v. Brockdorff seinen Antrag erneuerte, nahm der

Bürgermeister das betreffende Schreiben gar nicht an. Als v. Brockdorff dann, wie in solchen Fällen üblich war, einen Notar mit der Uebergabe des Schreibens beauftragte, verweigerten die Hausgenossen des abwesenden Bürgermeisters entschieden die Entgegennahme desselben, so daß der Notar genöthigt war (wie das weitläufige von ihm aufgenommene Protokoll besagt), den Brief auf einen Tisch bei der Hofthür niederzulegen. Ueber diese Behandlung aufgebracht, klagte v. Brockdorff bei dem Administrator, protestirte gegen die Archidiakonatswahl und bat zugleich, dem Bürgermeister Brehmer sein „grobes Verfahren" zu verweisen. Inzwischen aber hatte der Administrator schon am 11. Mai die Wahl bestätigt, womit der Protest hinfällig geworden war; doch gelangte einige Zeit nachher eine Aufforderung an den Magistrat, sich über die Beschwerden v. Brockdorff's zu äußern. Was weiter geschehen ist und ob der Bürgermeister noch den beantragten Verweis erhalten hat, geht aus den Akten nicht hervor; jedenfalls war der Versuch, in den Wahlmodus eine Aenderung zu bringen, mißglückt.

Als der Archidiakonus Jensen schon im nächsten Jahr zum Hauptpastor ernannt ward, entstanden wegen der Wiederbesetzung des Archidiakonats Zwistigkeiten zwischen dem Magistrat und der Universität. Der Magistrat präsentirte, unter Uebergehung des Diakonus Klippe, drei auswärtige Prediger. Das akademische Konsistorium verwandte sich für Klippe, gegen den durchaus nichts einzuwenden sei, und behauptete, der Magistrat habe denselben nur übergangen, weil er einige Professoren um ihre Stimme ersucht haben solle. Nach wiederholtem Schriftenwechsel von beiden Seiten wandte sich schließlich die Universität an den Herzog Karl Friedrich mit der Bitte, daß dem Magistrat aufgegeben werde, Keinen zu präsentiren, der nicht zwei Jahre an der hiesigen Universität studirt hätte, ferner die Präsentirten hier am Orte eine Probepredigt halten zu lassen und den Diakonus Klippe mit zu präsentiren. In den eingeforderten Entgegnung erklärte der Magistrat, weil viele Regierungsbeamte dem hiesigen

Gottesdienst beiwohnten, so müsse die erledigte Stelle „mit einem subjecto besetzt werden, welches einem solchen illustren Auditorio ein genügen zu leisten fähig sei". Wenn der Diatonus Klippe, gegen den man sonst nichts einzuwenden habe, „auch für einen guten diaconum passiret", so würde für das Archidiakonat doch ein Mann erfordert, „dem Gott mehr erudition und Fähigkeit verliehen habe." Des Herrn Klippe Interesse, heißt es weiter, ginge übrigens nichts ab, indem die salaria nicht differiren und er im Betreff der Accidentien noch viel voraushaben würde. Auch habe man erfahren, daß die meisten Professoren von vornherein beschlossen hätten, Klippe ihre Stimme zu geben, und daß sogar ein Professor sich bemüht habe, verschiedene Mitglieder des Sechzehner-Kollegiums zu gewinnen. In Betreff der Probepredigten wird hervorgehoben, daß „im Amte stehende Prediger hier zu Lande durchaus sich weigerten, anderswo sogenannte Probepredigten zu halten, sowie in Betreff des Biennium, daß dies niemals bei bereits angestellten Predigern gefordert sei. Der herzogliche Bescheid war dem Magistrat günstig, die von letzterem beabsichtigte Präsentation wurde genehmigt und dem Magistrat aufgegeben, falls die Universität sich weigern solle, durch Deputirte die Präsentirten an ihrem Wohnorte zu hören, dies allein zu thun und die Wahl ordnungsmäßig vorzunehmen. Die Universität scheint sich dann zur Theilnahme an der Wahl verstanden zu haben: Pastor Volckmann aus Selent wurde gewählt. Bei seiner Annahme der Wahl bittet er, da er „diese mutation mit einiger Disavance im Zeitlichen vornehme", für die ersten Jahre das Fixum zu vermehren, begnügt sich aber mit dem Versprechen „aller möglichen assistence zur Ersetzung des Abgangs bei'm Archidiakonat". Als Volckmann 1728 Hauptpastor wurde, war inzwischen die Stimmung des Raths gegen Klippe eine andere geworden; derselbe wurde ohne daß eine Präsentation stattfand, einstimmig zum Archidiakonus gewählt. Auch Klippe's Nachfolger, Hosmann, rückte in gleicher Weise 1733 in's Archidiakonat auf.

Herzog Karl Friedrich, der sich um die Regierung seines kleinen ihm gebliebenen Ländchens bis in's Einzelne kümmerte, hatte bei der Bestätigung der obengenannten Wahl verlangt, daß der Rath für das Diakonat einige verdiente Prediger aus der herzoglichen „privativen Jurisdiction" (also keine aus dem königlichen oder gemeinschaftlichem Gebiet) zuvörderst vorschlagen und namhaft machen solle. Wir finden hier den Anfang der **landesherrlichen Bestätigung der Präsentation**, die früher nicht beansprucht worden war, und auch im königlichen Antheil von Holstein erst 1736 durch ein Reskript Christian's VI. anbefohlen ward. An den drei Vorgeschlagenen hatte jedoch der Herzog, wie aus einigen vorliegenden Schreiben des Geheimraths Westphalen hervorgeht, Verschiedenes auszusetzen, obgleich er, wie hinzugefügt wird, „eine gnädigste intention hege und alles der beliebigen Wahl des Magistrats überlassen wolle". Dem Einen hatte der Herzog es verübelt, daß er sich bei den Mitgliedern des Raths um die Präsentation bemüht habe, was „bei angestellten Predigern unanständig und unverantwortlich sei, da höchstens studiosis, wenn sie viele Jahre erlanget, das Suchen und Bemühen um eine Pfarre erlaubt wäre." Bei einem Zweiten erschiene es dem Herzog zweifelhaft, „ob seine Gaben der kielischen Gemeinde vergnügsam sein möchten"; sein Leben und Wandel „sei sonsten ziemlich gut, hätte er nur eine vernünftige und moderate Ehegattin." Statt dieser beiden wurde der Archidiakonus Flohr in Oldenburg zur Mitpräsentation vorgeschlagen, natürlich angenommen und auch gewählt. Derselbe rückte 1736 durch Wahl in's Archidiakonat auf. Ueberhaupt scheint die Besetzung der Predigerstellen den Herzog, welcher sehr kirchlich gesinnt war, fortwährend angelegentlich beschäftigt zu haben. Da er viel in seinem Gebiet umherreiste und überall längeren Aufenthalt nahm, so kannte er alle seine Prediger nach ihren persönlichen Verhältnissen und ihren amtlichen Befähigungen. So war auch schon der Vorgänger Flohr's, der zum Hauptpastor ernannte Archidiakonus Seelhorst, auf Empfehlung des Herzogs gewählt, und bei der Wiederbesetzung des Diakonats im Jahr 1735 ließ dieser sogar eine vollständige Vorschlagsliste dem Magistrat durch Westphalen zustellen, nachdem er vorher mit den einzelnen Vorgeschlagenen über die Annahme einer etwaigen Wahl hatte verhandeln lassen. Der früher auf des Herzogs Vorschlag gewählte Diakonus Bruns wurde 1738, wiederum auf herzogliche Empfehlung und ohne daß eine weitere Präsentation stattfand, zum Archidiakonus gewählt. Bei der darauf nothwendig werdenden Diakonatwahl scheint aber das Wahlkollegium sich nicht so willfährig gezeigt zu haben. So weit aus den, hier nicht vollständigen, Akten zu ersehen ist, war der Wahlausfall nicht dem Wunsche des Herzogs entsprechend. Er forderte nämlich die Vorlegung der Wahlprotokolle, bestätigte aber schließlich „nach genommener oberbischöflicher Ueberlegung vor dieses Mal respectu seiner Person" die Wahl des Pastors Francke aus Brügge, der auch 1757 ohne Wahl mit Zustimmung der Wahlkurien in's Archidiakonat aufrückte.

Karl Friedrich starb 1739. Sein Sohn und Nachfolger, der zum Großfürsten und Erben von Rußland erhobene Prinz Peter lebte in Petersburg, und die in Kiel eingesetzte Landesregierung unterließ es fortan, die Wahlen zu beeinflussen. Auch geschah kein Einspruch seitens derselben, als 1771 der bisherige Archidiakonus Meyer in Rendsburg, das zum königlichen Antheil Holsteins gehörte, zum Diakonus gewählt ward. Der zwei Jahr später erfolgte Austausch des großfürstlichen Gebiets an den König war längst im Geheimen vorbereitet, und so lag kein Grund vor, die Anstellung eines Predigers aus den königlichen Landen nicht zu bestätigen. Als 1778 das Archidiakonat erledigt war, wollte der Magistrat eine förmliche Präsentation und Wahl vornehmen, weil durch das, schon wiederholt stattgehabte, unmittelbare Aufrücken des Diakonus das Wahlrecht geschmälert werden könnte. Jedoch stand der Magistrat von diesem Vorhaben ab, als das akademische Konsistorium in einem sehr höflichen Schreiben, unter Anerkennung der Patronatsrechte, sich für die Berufung des Diakonus Meyer, der seit 1776 auch außerordentlicher Professor der Theologie war, verwendete. Uebrigens hatten schon vorher auswärtige Prediger, die befragt waren, ob sie sich zur Archidiakonatwahl stellen lassen würden, verneinend geantwortet.

Zur Wiederbesetzung des Diakonats nach Meyer's Beförderung in's Archidiakonat predigten 2 Kandidaten hier zur Wahl, während der dritte Präsentirte, Diakonus König aus Oldesloe, durch Deputirte gehört wurde. Ein ausführlicher Entwurf der Predigt des letzteren liegt bei den Akten, scheint also von den Deputirten eingereicht zu sein. Ebenso finden sich zum ersten Mal förmliche Bewerbungsgesuche der beiden mitpräsentirten Kandidaten. König wurde gewählt. Im Jahr 1786 rückte er in's Archidiakonat auf, wurde indeß, gleichzeitig mit der Ernennung seines Vorgängers zum Hauptpastor, „unmittelbar vom König vocirt", jedoch unter ausdrücklichem Vorbehalt der bestehenden Patronats- und Wahlrechte. Ebenso wurde der Kandidat der Theologie und „Katechet am Schulmeister-Seminar" zu Kiel, Heinrich Müller mit demselben Vorbehalt zum Diakonus ernannt. Beide Ernennungen wurden durch den Oberpräsidenten der Stadt, Graf Bothmer, dem Stadtkonsistorium einfach angezeigt, der Magistrat erhob zwar in einer Eingabe an den Oberpräsidenten Einspruch gegen die Verletzung seiner Rechte, doch fügte er sich in die Beförderung König's, protestirte aber entschieden gegen Müller's Ernennung, wobei er die Befürchtung aussprach, es sei die Absicht, das Diakonat zum Nachtheil der Gemeinde bleibend mit der Katechetenstelle des, 1782 errichteten, Seminars zu verbinden. Müller trat übrigens schon 1789 von dem Diakonat zurück, nachdem er zum ersten Lehrer des Seminars und außerordentlichen Professor ernannt war. Seine Beziehungen zu den Stadtbehörden waren nicht die besten gewesen, was auch aus dem Schreiben, in welchem er seinen Abgang vom Diakonat anzeigt, hervorgeht; denn er hält sich „überzeugt, daß er durch die Niederlegung seines Predigtamtes den Wünschen Eines hohen Oberpräsidii und Eines hochedlen und hochweisen Raths wenigstens nicht zuwider handle".

Müller's Nachfolger als Diakonus ward nach ordnungsmäßiger Präsentation der Konrektor an der kieler Stadtschule Lange. Es waren verschiedene Bewerbungen von Stadtschul-Rektoren und Kandidaten eingegangen, außerdem einige Prediger aufgefordert. Zwei der Präsentirten predigten an ihren Wohnorten, Plön und Wilster (s. S. 17) vor Deputirten der Wahlkurien, Lange hielt hier seine Wahlpredigt.

Lange starb schon 1791, bald darauf auch der Archidiakonus König. So waren also gleichzeitig beide Stellen erledigt. Von 11 Bewerbern, die sich theils zu einer der Stelle, theils zu beiden gemeldet hatten, liegen Gesuche vor; seitens des Magistrats waren 3 andere zur Bewerbung um das Archidiakonat aufgefordert, doch lehnten zwei derselben ab; der dritte, Pastor Holst aus Enge, stellte sich hier mit 2 anderen Präsentirten zur Wahlpredigt und wurde einstimmig gewählt. Diakonus wurde Kandidat Köster, der ebenso wie Holst, sämmtliche Kuriatstimmen erhielt. Als er 1797 zum Pastor an der Klosterkirche gewählt war, ging das Diakonat ein.

Die Aufhebung des Diakonats war schon 1788 bei Müller's Abgang von dem damaligen Oberpräsidenten der Stadt, von Schack, geplant. Er hatte den Vorschlag gemacht, die Stelle zu Gunsten der beiden andern Prediger an St. Nikolai, des Predigers an der Heiligengeistkirche und des zu gering besoldeten Rektors der Stadtschule einzuziehen und die Geschäfte und Predigten über diese vier zu vertheilen, außerdem aber durch Abkürzung der sonntäglichen Frühpredigten und Wegfall der mit den Katechisationen bisher verbundenen Dienstag-Predigt in der Heiligengeistkirche und Freitag-Predigt in St. Nikolai, mit Ausnahme während der Fastenzeit, denselben eine Erleichterung zu verschaffen. Auch könnten die am Montag, Donnerstag und Sonnabend in St. Nikolai gehaltenen Betstunden, die ganz ohne allen Nutzen für die Gemeine und für die Prediger beschwerlich seien, gänzlich aufgehoben werden. Gleichzeitig machte der Oberpräsident den Vorschlag, das Singen der Currentschule abzuschaffen, welches als ein Mißbrauch der zur Andacht bestimmten Lieder schon öffentlich in Druckschriften verspottet sei. Er theilte seinen Entwurf zuerst den beiden Predigern an St. Nikolai mit, die sich aber entschieden gegen denselben aussprachen und dies in einem Ton, daß von Schack, mit Recht verletzt, „unter Verbittung einer weiteren, beiden Theilen nur unangenehmen Korrespondenz" erklärte, er werde die Sache auf sich beruhen lassen.

Im Jahre 1792, nach dem Tode des Diakonus Lange, regten die Kirchenjuraten die Sache auf's Neue an. Zur Abhülfe des sehr schlechten Standes der Kirchenkasse machten sie in erster Linie den Vorschlag, das Diakonat einzuziehen, indem sie bemerkten, es könne ohne großen Nachtheil der Gemeinde geschehen, da die Früh- und Wochenpredigten sehr selten besucht würden. Ein zweiter Vorschlag ging dahin, die Unterhaltung der Stadtschulgebäude und Besoldung der Lehrer, welche seit der katholischen Zeit der Kirche obliege, möge auf die Stadtkasse übernommen werden. Nach einem dritten Vorschlag sollte aus dem Vermögen der beiden „reichen" Klöster St. Jürgen und Heiligengeist (die 1822 zum „Stadtkloster" vereinigt sind) der Kirchenkasse jährlich 200 Rthlr. überwiesen werden. Als diese Vorschläge ohne Erfolg geblieben waren, kamen die Kirchenjuraten 1794 auf ihre Nothlage zurück und verlangten, jedoch wiederum vergeblich, die Ausschreibung einer Kirchensteuer über die Stadt- und Landgemeinde.

Bei der Diakonats-Vakanz 1797 nahm der Magistrat als Patron die Sache in die Hand und brachte sie auch zur Durchführung. Die Frühpredigt, „welche gar nicht besucht wurde", fiel weg; dem Archidiakonus, der bisher in dieser und der Nachmittagspredigt mit dem Diakonus gewechselt hatte, wurden die Nachmittagspredigten übertragen, die Donnerstagspredigten in St. Jürgen, die stets nur vor sehr wenigen alten Leuten (das Kloster hatte 12 Präbendisten) gehalten waren, wurden auf monatlich eine beschränkt; die „sehr geringe Zahl von Konfirmanden und Beichtkindern, welche der Diakonus stets gehabt", ging an die beiden andern Prediger über, deren Gebühren dadurch etwas erhöht wurden. Zur Besorgung der nachbleibenden Geschäfte wurde nun ein

Adjunktus Ministerii angestellt, der zugleich die erforderliche Vertretung der anderen hiesigen Prediger zu übernehmen hatte. Die damaligen Einkünfte des Diakonats waren an baaren festen Einnahmen, Gebühren und Naturalleistungen auf 1255 ℳ nebst Wohnung, Garten, Korn- und Holzlieferung berechnet worden. Für den Adjunkten wurde (wie schon oben S. 16 angeführt ist) nur eine Einnahme von 609 ℳ und eine Holzlieferung festgesetzt, die übrigen Einnahmen aber nach einem Reskript vom 14. Juni 1798 unter dem Namen „**Schul- und Diakonatfond**" zur Verbesserung des städtischen Schulwesens bestimmt. Damit war dann in der Hauptsache der frühere Vorschlag des Oberpräsidenten von Schack zur Ausführung gelangt.

Zum **ersten Adjunkten** wurde darauf nach ordnungsmäßiger Präsentation und gehaltenen Wahlpredigten durch die drei Wahlkurien der Kandidat Esmarch aus Schleswig gewählt, welcher die Stelle bis 1807 bekleidete, worauf er zum Pastor in Leezen befördert ward. Sein Nachfolger wurde der Kandidat Blech, dem jedoch schon 1809 zugleich die Klosterpredigerstelle übertragen ward, da Pastor Köster wegen schwerer Gemüthskrankheit mit einem Theil der Einnahme dieser Stelle hatte pensionirt werden müssen (siehe unten S. 53). Auch Blech's Nachfolger an der Klosterkirche, Jürgen Bookmeyer, war noch vier Jahre von 1826—1830 zugleich Adjunkt. Als Köster 1830 gestorben war, wurde die Adjunktur wieder von der Klosterpredigerstelle getrennt und hat seitdem besondere Inhaber gehabt: zuerst bis 1835 den jetzigen Professor der Theologie Kirchenrath Lüdemann, dann bis 1838 den verstorbenen Propsten in Oldenburg, Balemann, darauf 17 Jahre lang den verstorbenen Pastor in Brockdorf Valentiner und von 1855 bis 1864 den jetzigen

Pastor in Hohenaspe Hamann. In Folge der Zunahme der Kandidaten in den zwanziger Jahren unseres Jahrhunderts fand die Adjunktur trotz der sehr geringen Einnahme während dieser Zeit stets zahlreiche Bewerber, nachdem die öffentliche Ausschreibung der Vakanzen nunmehr zur Sitte geworden war. Am größten war die Zahl 1830, doch waren die meisten der damaligen Bewerber solche, die im Examen nur den dritten Charakter erhalten hatten. Die veränderten Verhältnisse seit 1864 veranlaßten einen rascheren Wechsel in der Besetzung der Adjunktur. Dieselbe hat in den 20 Jahren von 1865—1884 nicht weniger als 6 verschiedene Inhaber gehabt: den jetzigen Geheimen Kirchenrath Th. Hansen in Oldenburg bis November 1866, Pastor Reimers in Altenkrempe von 1867—1868, Pastor Lange in Travemünde bis 1872, Pastor Ritscher in Wewelsfleth bis 1879, Pastor Lau in Kirchwärder bis 1881, Prof. Dr. Baethgen in Kiel bis 1. Juli 1884. Die Zahl der Bewerber war in dieser Zeit durchgängig so gering, daß es fast regelmäßig zu keiner eigentlichen Wahl kommen konnte, sondern ein Kandidat gesucht werden mußte, der sich zur Uebernahme willig fand. Mit Hansen war nur ein Bewerber präsentirt; da letzterer indeß erkrankte, so hielt Hansen allein eine Wahlpredigt; Reimers verwaltete das Amt nur kommissarisch; Lange predigte im December 1868 mit zwei anderen Bewerbern zur Wahl und wurde nach herkömmlicher Weise von den drei Wahlkurien gewählt; Ritscher wurde nach Lange's Abgang konstituirt, jedoch im nächsten Jahr aus drei präsentirten Bewerbern gewählt; Lau und Baethgen wurden bei mangelnder Bewerberzahl ohne Wahl berufen, nachdem sie vorher die durch das Pfarrwahlgesetz vorgeschriebene Aufstellungspredigt gehalten hatten.

Wir kehren zur Geschichte der Besetzungen des **Archidiakonats** zurück. Pastor Holst war nach fast 24jähriger Amtsführung im December 1815 gestorben. Zu der öffentlich ausgeschriebenen Stelle fanden sich 17 Bewerber, zur Hälfte Prediger, zur andern Hälfte Kandidaten oder Lehrer.

Unter ersteren war Klaus Harms, derzeit Diakonus in Lunden. Durch seine „Winter-" und „Sommerpostille", wie auch durch seinen „Katechismus" war er schon weithin bekannt geworden und von einflußreicher Seite sehr warm empfohlen, während umgekehrt die Anhänger des Rationalismus seine Anstellung nicht wünschten. In einem Gutachten, welches der damalige Hauptpastor Propst Jock, ein Vertreter der letztgenannten Richtung, über die Bewerber an das Patronat erstattete, spricht er sich sehr entschieden gegen Harms aus, „mit dessen Grundsätzen und Ansichten von der Religion die seinigen nicht übereinstimmten; der Magistrat möge urtheilen, ob es nicht schwer sein werde, mit einem solchen Manne zusammen zu arbeiten." Präsentirt wurden der, als Pastor in Itzehoe und Probst für Münsterdorf gestorbene, Pastor Wolf in Windbergen, der als Diakonus in St. Marien in Flensburg gestorbene, Diakonus H. Peters in Koldenbüttel, und Harms. Die Stimmen gingen bei der Wahl sehr auseinander. Durch Majorität von 3 Stimmen gegen 2 und 1 erhielt Harms die Stimme des Stadtkonsistoriums, die Sechzehn-Männer wählten Wolf, das akademische Konsistorium Harms; mit welchen Majoritäten die beiden letzten Kuriatstimmen abgegeben waren, ist aus den Akten nicht ersichtlich. Harms trat am 2. December 1816 sein hiesiges Amt an, und schon im nächsten Jahr erschienen zum Reformationsfest seine „95 Thesen", die in ganz Deutschland das größte Aufsehen machten, jedoch den von beiden Parteien mit großer Hitze geführten „Thesenstreit" veranlaßten, der auch in Kiel selbst nicht ohne nachhaltige Einwirkungen auf den kirchlichen Frieden blieb und sich u. A. in einem heftigen Schriftenstreit zwischen Senator Witthöfft und Harms zeigte.

Als Harms 1835 Hauptpastor geworden war, erhielt er im Archidiakonat als Nachfolger einen entschiedenen Vertreter der freisinnigen Richtung in dem bisherigen Pastor H. Wolf in Hemmingstedt, einem Neffen seines ehemaligen Mitbewerbers um das Archidiakonat. Neben Wolf hatten sich nur 8 Bewerber gefunden, unter ihnen auch der damalige

Kollaborator in Meldorf Chr. Aug. Decker, der später einer der bekanntesten und angesehensten Geistlichen des Landes geworden und 1834 als Pastor in Thumby gestorben ist. Sein Bewerbungsgesuch ist das längste, welches je dem Kieler Patronat eingereicht ist; es umfaßt vier sehr eng und klein beschriebene Folioseiten, auf denen sich Decker eingehend über die Aufgaben des Geistlichen, wie er sie auffaßt, und über seinen Beruf für das Predigtamt ausspricht. Wolf wurde mit den Stimmen sämmtlicher drei Kurien gewählt; in der Kurie des Stadtkonsistoriums hatte er 4 gegen 2 und 1 Stimme erhalten. Die Mitpräsentirten waren Diakonus Kähler aus Heiligenhafen (gestorben als Kompastor in Altona) und der damalige Adjunkt Balemann.

Als ein Beweis, wie lange man an den im siebenzehnten Jahrhundert festgesetzten Formalitäten festgehalten hat, kann hier angeführt werden, daß noch 1835 und dann zuletzt 1838 der Magistrat als Patron die Universität aufforderte, zu einer bestimmten Zeit in die Rathskapelle der St. Nikolaikirche zwei Deputirte zu senden, damit denselben dort durch zwei Deputirte des Magistrats die Namen der zur Wahl präsentirten Bewerber und der Wahltag angezeigt würden. Als diese Aufforderung 1838 in Anlaß der bevorstehenden Wahl eines Adjunkten wiederholt wurde, begleitete der Magistrat dieselbe mit dem Vorschlage, dieses „zwar alte aber lästige Herkommen" dahin abzuändern, daß die Mittheilung künftig schriftlich erfolge. Das akademische Konsistorium antwortete, es werde allerdings diesmal noch seine Deputirten senden, sei aber für die Zukunft mit dem Vorschlag völlig einverstanden.

Die Erledigung des Archidiakonats im Jahr 1849 gab dem Magistrat wiederum Anlaß, auf den Vorschlag von 1835, die Kuriatwahlen in allgemeine Wahlen zu verwandeln, zurückzukommen. Um indeß die Wahl nicht zu verzögern, wurde beantragt, vorläufig für dies Mal der Gemeinde das Wahlrecht zu überlassen, unter Vorbehalt der Kuriatrechte für künftig. Das akademische Konsistorium erklärte sich zwar im

Allgemeinen wieder zustimmend, forderte indeß, wie früher, im Interesse der Studirenden einen Einfluß auf die Wahl durch Einräumung des Rechts, einen der drei zu präsentirenden Bewerber zu bestimmen. Das Patronat ging hierauf nicht ein und ließ die angeregte Aenderung wieder fallen. Es fanden sich 13 Bewerber und unter diesen eine Anzahl jüngerer Prediger, welche später zu den namhaftesten des Landes gezählt sind. Präsentirt wurden der, als Konsistorialrath, Propst und Hauptpastor in Itzehoe 1873 verstorbene, damalige Archidiakonus Versmann in Itzehoe, der, als Seminardirektor in Eckernförde 1869 verstorbene, damalige Diakonus Niese zu Burg auf Fehmarn und Pastor Schrader zu Bedstedt im Amte Apenrade. Letzterer erhielt die sämmtlichen drei Kuriatstimmen, was wohl theilweise dem Umstande zuzuschreiben war, daß Schrader's Stellung in seiner früher ihm sehr geneigten Gemeinde wegen seiner entschieden schleswig-holsteinischen Gesinnung in Folge vieler Aufhetzereien unhaltbar geworden war. Das 1852 wiederhergestellte dänische Regiment beließ Schrader, im Gegensatz zu seinem Kollegen Wolf, im Amte, da er nicht, wie jener durch die schleswig-holsteinische Statthalterschaft, d. h. die in den Augen der nunmehrigen Machthaber ungesetzliche Regierung, ernannt, sondern nach altem zu Recht bestehenden Herkommen gewählt worden war. Dagegen aber verlor er 1866 sein Amt, als er sich weigerte, das durch den neuernannten, mit außergewöhnlichen Vollmachten bekleideten, Oberpräsidenten von Schleswig-Holstein, Freiherrn von Scheel-Plessen, am 12. Juni von allen Beamten geforderte Gelöbniß, den Befehlen und Anordnungen des Königs von Preußen und der in Höchstdessen Auftrage fungirenden Behörden unweigerlich Folge zu leisten, zu unterschreiben. Schrader stand hierin unter sämmtlichen Geistlichen des Landes allein; immerhin aber war es höchst ehrenwerth, daß er seiner Ueberzeugung, wenn sie auch auf unrichtigen Anschauungen beruhte, sein Amt und seine Existenz zum Opfer brachte. Unter'm 28. Juni 1866 wurde er durch den Oberpräsidenten entlassen. Später von ihm vorgenommene Schritte gegen die Rechtmäßigkeit seiner Entlassung waren erfolglos. Er fand 1867 eine neue Anstellung in Baiern.

Am 26. November 1868 wurde der bisherige Adjunkt Theodor Hansen einstimmig zum Archidiakonus gewählt. Mit ihm präsentirt waren der, 1867 verstorbene, Pastor Harald von Neergaard zu Aller und der, 1870 verstorbene, Pastor Rosenhagen (ein geborner Holsteiner) in Dresden. Hansen war der letzte Archidiakonus an St. Nikolai, denn bei der Pfarrbezirks-Eintheilung ging die Stelle ein. Am 1. Januar 1872 wurde dem Jakobi- und dem Heiligengeist-Pfarrbezirk die Heiligengeistkirche zugewiesen und der bisherige Pastor an dieser Kirche Jeß zum Pastor der erstgenannten, dagegen Pastor Hansen für den anderen Bezirk bestimmt. Als er 1879 einem Ruf nach Oldenburg folgt, wurde Pastor Heinrich Mau, bisher in Rellingen, sein Nachfolger, und zwar durch allgemeine Wahl des Pfarrbezirks, nachdem der Magistrat neben ihm Pastor Paulsen in Altona und Lic. theol. E. Bindemann, Diakonus in Stralsund, präsentirt hatte.

Allerdings blieb auch an der Nikolaikirche ein zweiter Prediger, jedoch nicht für den Nikolai-, sondern für den St. Jürgens Pfarrbezirk, dem die Kirche mit überwiesen war. Die Wahl des für diesen Pfarrbezirk neu anzustellenden Predigers wurde nach § 12 des Regulativs über die Eintheilung der kieler Pfarrgemeinde in Pfarrbezirke vom 17. November 1871 für dies erste Mal der Gemeindevertretung vorbehaltlich der Bestätigung durch das Konsistorium überlassen. Gewählt wurde Pastor Harries, bisher Pfarrer zu Stolberg in Aachen, nachdem außer ihm an verschiedenen Abenden Pastor Fick aus Billwärder, Pastor (jetzt Propst) Griebel aus Warder, Pastor (jetzt Propst) Hasselmann aus Krempe und der derzeitige Adjunkt Lange in Kiel Wahlpredigten gehalten hatten.

Indem wir hiermit die Geschichte des Patronat- und Wahlrechts in Betreff der Prediger zu St. Nikolai abschließen, erübrigt noch, in gleicher Beziehung über die **Prediger an der Heiligengeistkirche** zu berichten.

Daß erst im Jahr 1632 ein fester Prediger an dieser Kirche angestellt ward, ist schon Seite 13 angeführt. Der Magistrat übte über die der Stadt eigenthümlich gehörige Kirche das Patronat und mit den Sechzehn-Männern das Wahlrecht. Der erste Prediger war Janus Vicostadius, bisher Rektor der Stadtschule; von ihm findet sich nur ein Revers, wie solche ähnlich zu jener Zeit von Predigern an der Nikolaikirche ausgestellt sind (S. 19). Sein Nachfolger wurde 1652 der bisherige Konrektor der Stadtschule Bartoldus Brammer. In dem vom Magistrat mit ihm „geschlossenen Contract" heißt es: er sei „zur Verrichtung einer wöchentlichen Sonntagspredigt angenommen", wogegen ihm, „was sein Antecessor würklich genossen (S. 15) auch mitgetheilt werden solle." Weil nach Brammer's 1655 erfolgten Tode „alte und bey der Schulen abgemattete und wollmeritirte Männer nicht vorhanden", so wurde ein in Kiel geborner Kandidat Storning „wegen der bei ihm verspürten herrlichen Gaben zu predigen zu dieser vacirenden function mit einhelligen votis elegiret und bestellet." Dagegen hatte Storning sich freiwillig bereit erklärt, „ohne einige recompens oder wiedervergeltung seiner mühe, gratis und bloß umbsonsten zu Gottes des Allmächtigen glori und Ehren" an der Stadtschule zu unterrichten, so weit die Stunden nicht von den Lehrern besetzt werden könnten. Auch versprach er, „wenn Adelige und andere vornehme Personen bei ihm ihre Kinder „in die privat institution und Kost bestellen würden, seine künftigen discipulos domesticos mit zur öffentlichen Schule zu führen."

Storning wurde 1669 Diakonus an St. Nikolai und die Stelle blieb bis 1675 „aus gewißen und bedenklichen Ursachen" unbesetzt. Dann wählte der Rath, unter Zustimmung des „hiesigen Bürgerausschußes anstatt gemeiner Bürgerschaft" wieder einen gebornen Kieler, M. Martin Bützer, der auch von Herzog Christian Albrecht bestätigt wurde. Vom

Jahre 1708 an war sein Sohn M. Matthias Bützer sein Gehülfe als Prediger, ohne indeß als solcher angestellt zu sein. In einem Schreiben der vormundschaftlichen Regierung aus demselben Jahre an den Magistrat heißt es: wenn ein Adjunkt angestellt werden solle, so sei es nöthig, „daß die Stelle mit einem solchen Subjecto, das zugleich capabel eine Academische function mit höchsten Ruhm zu verwalten, besetzet werde". Bevor daher weitere Schritte in dieser Sache geschähen, solle der Magistrat darüber berichten. Wahrscheinlich zum Theil in Folge der damaligen, schon oben angeführten Kriegsverhältnisse, blieb das Vorhaben unausgeführt, und erst aus dem Jahre 1719 liegt ein Schreiben des Herzogs Karl Friedrich an den Magistrat vor, das sich auf ein Gesuch des M. Martin Bützer für die förmliche Konstituirung des Sohnes, „in Betracht seiner bereits in die 10 jahr verrichteten Predigten" verwendet. Im Jahr 1721 richtete der alte Bützer selbst zwei Gesuche an Bürgermeister und Rath, aber erst 1723 erfolgte die Bestellung des Sohnes zum Adjunkten und zwar „mit einmüthiger Zustimmung des Ministerii." Nach dem Tode des Vaters trat Matthias Bützer förmlich in die Nachfolge ein.

Die jahrelangen Verzögerungen in der Anstellung Matthias Bützer's hatten zum Theil ihren Grund gehabt in Versuchen der Universität, auch bei der Klosterkirche, welche sie als zu dem derzeitigen Universitätsgebäude gehörig für sich beanspruchte, besonders um daselbst die öffentlichen Disputationen zu halten, die Mitwirkung bei der Predigerwahl zu erlangen. Dasselbe wiederholte sich 1749 nach Bützer's Tode, doch schützte die Regierung die Rechte der Stadt und genehmigte die Wahl des bisherigen Schloßpredigers Becker zum Pastor an der Heiligengeist- oder Klosterkirche und bestellte ihn auch zum Garnisonprediger. Nach seinem Tode wurde der Versuch gemacht, dem Professor Eckermann die Klosterpredigerstelle als Nebenamt zu verschaffen. Derselbe wollte indeß nur jeden zweiten Sonntag selbst predigen, an den übrigen Sonntagen einen Studenten predigen lassen, auch verschiedene andere Amtsgeschäfte, welche dem Prediger an der Klosterkirche gegen Entschädigung seitens der Prediger von St. Nikolai übetragen waren, nicht übernehmen. Der Magistrat erklärte sich in einer ausführlichen Eingabe an die deutsche Kanzlei in Kopenhagen, als damalige kirchliche Oberbehörde, entschieden dagegen, ging aber auch andererseits nicht auf den Antrag der vier Lehrer an der Stadtschule ein, daß ihnen gemeinschaftlich die Predigten an der Klosterkirche übertragen werden möchten. Bei der dann ordnungsmäßig angestellten Wahl wurde Pastor Paysen, bisher in Tönning, gewählt.

Als Pastor Paysen 1790 nach Flensburg befördert war, protestirten die drei Prediger an St. Nikolai gegen die Abhaltung der Wahlpredigten in der Klosterkirche. Sie hoben hervor, es sei ein Vorrecht der Nikolaikirche, daß in derselben die Wahlpredigten gehalten würden; der Magistrat sei doch sonst für das Herkommen und gegen Neuerungen; zwei der Nikolaiprediger würden auf diese Weise verhindert, die Wahlpredigten zu hören und sie müßten sich daher jene Anordnung „schlechterdings verbitten". Der damalige Oberpräsident wies, nach abgegebener Erklärung des Magistrats den Protest zurück, und hielt sich verpflichtet, „damit nicht künftig in ähnlichen Fällen ein unverantwortlicher Aufschub in den wichtigsten Sachen veranlaßt werde, den Predigern den ernstlichen Wunsch zu äußern, daß dergleichen Unternehmungen für die Zukunft unterbleiben möchten." Gewählt wurde Pastor Adj. Weller aus Wilster; mitpräsentirt waren der Rektor der Stadtschule, Danielsen, der jedoch zurücktrat, „da er nach Weller's Ansetzung zur Wahl den Ausgang voraussehe", und der spätere Pastor in Brügge Heinrich Harries, der Dichter von „Heil Dir im Siegeskranz".

Weller's Nachfolger wurde 1797 der bisherige Diakonus an St. Nikolai Johann Köster (S. 43 u. 45). In Folge schwerer Hypochondrie, die ihn zur Erfüllung seiner Amtspflichten unfähig machte, hatte er schon 1805 um seine Pensionirung nachgesucht, später das Gesuch zurückgenommen und um Anstellung eines Adjunkten nachgesucht und dazu in seiner Eigenschaft als Garnisonprediger eine Beihülfe von 200 Rthlr. erbeten. Dann hatte er auch dieses Gesuch zurückgezogen und wiederum Pensionirung mit 500 Rthlr. gewünscht. Das königliche Ober-Konsistorium in Glückstadt machte darauf den Vorschlag, entweder die Klosterpredigerstelle ganz eingehen zu lassen oder sie dem Adjunkten zu übertragen. Köster sei dann die bisherige feste Einnahme auf Lebenszeit zu belassen und von Demjenigen, der die mit seiner bisherigen Stelle verbundenen Geschäfte und Accidenzien erhalte, jährlich 150 bis 200 Thlr. zu zahlen. Das Stadtkonsistorium erklärte sich für das Eingehen der Klosterpredigerstelle, für die Belassung der Klosterkirche zum Gottesdienst der Garnison und Ernennung des Adjunkten zum Garnisonprediger. Dagegen sprach es sich gegen eine Verbindung der Klosterpredigerstelle mit der Adjunktur, als den Verhältnissen nach unthunlich, aus. Die Juraten der Klosterkirche waren entgegengesetzter Ansicht; sie wollten die Stelle erhalten wissen und schlossen ihr Gutachten mit der wohlberechtigten Bemerkung: „Ganz unwahrscheinlich ist es eben nicht, daß nicht Zeiten eintreten können, welche die Wiederherstellung der Klosterpredigerstelle nothwendig machen, denn wer kann in die Zukunft sehen?" In gleichem Sinne lautete das Gutachten der Sechzehn-Männer. Die Entscheidung verzögerte sich bis zum Jahr 1809, wo Köster vom König entlassen und der Adjunkt Blech zugleich unmittelbar zum Klosterprediger ernannt ward. Ersterem wurde „bis zu seiner etwaigen Wiederanstellung" 300 Rthlr. aus den Einkünften der Klosterkirche und 200 Thlr. aus der Postpensionskasse als Jahrgeld zugesichert. Da das königliche Reskript das Patronats- und Wahlrecht der Stadt gar nicht erwähnte, so richteten Magistrat und Sechzehner-Kollegium eine Eingabe an den König, in welcher sie zwar erklärten, „sich die Allerhöchste Verfügung zur allerunterthänigsten Nachachtung dienen zu lassen", jedoch zugleich baten, daß die stattgehabte Ernennung für die Zukunft ihren Rechten keinen Eintrag thun möge.

Als Blech 1826 starb, ward auch wieder eine ordnungsmäßige Wahl gehalten. Ein Reskript des Ober-Konsistoriums bestimmte die Beibehaltung der Verbindung der Klosterpredigerstelle mit der Adjunktur, so lange die Abgabe an Pastor Köster fortdauern werde. Wegen dieser Verbindung nahm für dieses Mal das zur Adjunkten-Wahl mitberechtigte akademische Konsistorium an der Wahl Theil. Aus 11 Bewerbern wurden die Kandidaten Jürgen Bookmeyer, der spätere Diakonus in Gettorf Peters und der spätere Diakonus in Kollmar Witt präsentirt; ersterer wurde mit Mehrheit der Stimmen gewählt. Bei der Präsentation war ein eigner Zwischenfall vorgekommen. Der derzeitige Subrektor an der kieler Gelehrtenschule Jakob Asmussen (1834 Dr. philos. und 1840 auch) Dr. theol., seit 1839 Seminardirektor in Segeberg, gestorben 1850) war der einzige Mitbewerber, welcher im Amtsexamen den ersten Charakter erhalten hatte. Als er nicht mitpräsentirt war, was auf persönliche Abneigungen scheint zurückgeführt werden zu müssen, hatte er bei dem Ober-Konsistorium in Glückstadt eine Beschwerde darüber eingereicht, in welcher er sich namentlich auf die durch königliche Verordnung den Kandidaten mit dem ersten Charakter zustehenden Vorrechte bezog. Das Ober-Konsistorium forderte eine Berichterstattung von dem Magistrat, der sich in seiner Antwort sehr reservirt hielt und vorzugsweise auf sein Patronatrecht sich berief. In Folge dessen gab das Ober-Konsistorium seine Genehmigung zur Abhaltung der angesetzten Wahl.

Im Jahr 1834 wurde die Klosterpredigerstelle wiederum erledigt und zwar durch Beförderung Bookmeyer's nach Marne. Aus der Zahl von 14 Bewerbern wurden präsentirt: der Pastor Adjunkt Karl Lüdemann, der Kandidat der Theologie und Hülfslehrer an der Gelehrtenschule in Kiel Heinrich August Mau (gestorben als Professor der Theologie in in Kiel 1850), welche beide den ersten Charakter im Examen erhalten hatten, und der Diakonus und Rektor Kähler aus Heiligenhafen (gestorben als Kompastor in Altona). Der

Erstgenannte wurde gewählt und hat dann das Amt 33 Jahre lang inne gehabt, also nach M. Martin Bützer am längsten unter allen Predigern an der Klosterkirche. Bei ihm ist wiederum im vollen Umfange die Verbindung eines Predigtamtes mit einer theologischen Professur und zwar derjenigen der Homiletik, zu welcher er 1839 berufen ward, in's Leben getreten; keineswegs aber zum Nachtheil eines der beiden Aemter, sondern nur zum gegenseitigen Vortheil derselben, da die Stelle des Predigers an der Heiligengeistkirche dem Inhaber volle Zeit ließ, seinem wissenschaftlichen Amte gerecht zu werden, andererseits dieses aber, grade weil es die praktische Theologie umfaßte, für das Predigtamt von belebendster Einwirkung sein mußte. Erst als das höhere Alter herannahte, wünschte Dr. Lüdemann eine Erleichterung und suchte, nachdem auch die Garnisonspredigerstelle 1868 von dem Amte des Klosterkirchenpredigers wieder getrennt worden war, seine Entlassung, um sich fortan allein dem akademischen Lehramte zu widmen. Mit dem 1. Januar 1869 trat er als Prediger zurück. Für die Neuwahl wurden Propst und Hauptpastor Thomsen zu Neuenkirchen in Norderdithmarschen (jetzt Pastor an der Petrikirche in Altona), Archidiakonus Jeß in Itzehoe und Pastor Kähler in St. Annen (jetzt Diakonus in Ottensen) präsentirt. Gewählt wurde Pastor Jeß, mit dem die Reihe der Prediger an der Klosterkirche, so weit diese ohne Gemeinde war, schließt. Er wurde 1872, wie schon erwähnt ist, Pastor des Jakobi-Pfarrbezirks.

Das Stadt-Konsistorium.

Die in dem Patronat- und Wahlrecht seit der Reformation begründete Selbstständigkeit des kieler Kirchenwesens fand später ihr Organ in dem Stadtkonsistorium, welches aus den Mitgliedern des Raths, den drei Predigern der St. Nikolaikirche und dem Prediger an der Heiligengeistkirche zusammengesetzt war. Ein bestimmter Zeitpunkt der Errichtung des Stadtkonsistoriums läßt sich nicht angeben. Dasselbe scheint überhaupt nicht gleich als eine Körperschaft mit fest begrenzter Geschäftsordnung bestanden zu haben, sondern es wird aus loserem Zusammenwirken der städtischen Geistlichkeit (des Ministeriums) mit dem Rath, wie solches sich in vorkommenden Fällen als nothwendig erwies, allmählich sich zu der Behörde herausgebildet zu haben, welche bis zum Jahre 1869, ohne einem Kirchenvisitatorium untergeordnet zu sein, die Verwaltung der kirchlichen Angelegenheiten der kieler Gemeinde leitete. Nur ganz vorübergehend war in der ersten Zeit die Stadt mit den Kirchen des Amtes Bordesholm zu einer Propstei vereinigt, deren Propst der (1611 gestorbene) Hauptpastor Mauritius (S. 62.) war.

Zum ersten Male ausdrücklich erwähnt finden wir das Stadtkonsistorium in der (Seite 22 angeführten) Eingabe des Raths an den Herzog vom Jahr 1677, wo von dem Sitz der Prediger „im Consistorio und andern congressibus Senatus cum Ministerio" die Rede ist. In den Bestallungen der Prediger ist aber noch lange Zeit nachher niemals gesagt, daß diese von dem Stadtkonsistorium, sondern nur, daß sie von Bürgermeister und Rath, dem akademischen Konsistorium und den Sechzehn-Männern gewählt seien. Es läßt sich daher nicht klar feststellen, ob hier nur in Folge der Benutzung eines althergebrachten Formulars die Mitwirkung der Prediger unerwähnt geblieben ist, oder ob sie das, später ihnen zugestandene, Recht mit zu wählen, damals noch nicht besessen haben. Als 1716 zwischen den Predigern und dem Magistrat ein Zerwürfniß wegen der Diakonatswahl entstand, heißt es auch nur in einem Schreiben des Hauptpastors zum Felde, „daß dem geistlichen Ministerium bei den Predigerwahlen ein votum deliberativum et informativum (eine berathende Stimme) seit lange zustehe." Jedenfalls wird indeß bald nachher dies Alles geordnet sein, denn die besonderen „Protokolle des consistorium civicum" (des Stadtkonsistoriums) beginnen mit dem Jahre 1731, nachdem bis dahin die betreffenden Gegenstände kurz in das allgemeine Protokoll über die Rathssitzungen eingetragen waren.

Zu den verschiedenen Umgestaltungen, welche die 1773 eingetretene Vereinigung des herzoglich gottorfischen mit dem königlichen Gebiet zur Folge hatte, gehörte auch die von der königlichen Regierung beabsichtigte Erweiterung des kieler Stadtkonsistoriums zu einem Unterkonsistorium für den gesammten früheren herzoglichen Antheil, mit Ausnahme der Landschaft Norderdithmarschen. Dies Konsistorium sollte in Kiel seinen Sitz haben und aus dem jedesmaligen Amtmann zu Kiel als Präses, dem Generalsuperintendenten des ehemals gottorfischen Antheils Hasselmann zu Neumünster oder künftig dem Generalsuperintendenten für ganz Holstein, dem Bürgermeister und dem Syndikus der Stadt Kiel und den sämmtlichen kieler Predigern bestehen. Dieses „Gericht" sollte jährlich zweimal auf dem Rathhause zu Kiel, „und zwar an eben dem Orte, wo das Consistorium civicum sich bisher versammelt hat", zusammenkommen; dem Generalsuperintendenten sollten Diäten und Reisekosten von sämmtlichen Kirchen des Bezirks vergütet werden. Das kieler Stadtkonsistorium, gleich demjenigen zu Neustadt, wo auch ein besonderes Stadtkonsistorium bestand, aufgefordert, sich über diesen Plan zu erklären, sprach sich, was seine eigene Auflösung betraf, vollständig dagegen aus. Es würde dadurch das Patronatrecht und die Gerichtsbarkeit in kirchlichen und Ehesachen, welche die Stadt seit undenklichen Zeiten besessen habe, und die ihr durch alle Landesherren regelmäßig bestätigt seien, wenn auch nicht ganz aufgeopfert, so doch sehr beschränkt werden. Für den Magistrat, dem es obliege, die Vorrechte der Stadt zu bewahren, würden Kollisionen und Streitigkeiten mit dem Unterkonsistorium über die Kompetenz unvermeidlich sein. Ueberdies aber gestatte die Verwaltung der umfänglichen Kirchen- und Klostergüter der Stadt nicht, wichtige Entscheidungen stets bis zu den nur zweimal jährlichen Zusammenkünften des zu errichtenden Unterkonsistoriums zu verschieben. Es wurde daher gebeten, die Stadt Kiel in gleicher Weise, wie Norderdithmarschen, von dem Bezirk des künftigen Unterkonsistoriums auszuschließen. Dem Wunsche des Stadtkonsistoriums ward dadurch entsprochen, daß die Bildung eines Unterkonsistoriums überhaupt nicht erfolgte.

Im Jahr 1805 nahm die Regierung die Sache wieder auf, jedoch in anderer Form. Ein Unterkonsistorium sollte die Aemter Kiel, Bordesholm, Kronshagen, Neumünster, die Kirchen des Preetzer-Klostergebiets und „die in jener Gegend belegenen adeligen Güter" umfassen. „Der Hauptpastor in Kiel (Fock) würde sich ganz vorzüglich zum Propsten dieses Consistorii qualificiren, allein sodann würde auch wohl die Stadt Kiel mit diesem Consistorio verbunden werden müssen." Das Stadtkonsistorium sprach sich in seinem Bericht und Bedenken wiederum gegen die Aufhebung und die Verbindung Kiels mit dem Unterkonsistorium aus, wobei die bereits 1777 angeführten Gegengründe, namentlich auch die vielen Unzuträglichkeiten, welche bei dem großen Geschäftsumfang des Stadtkonsistoriums sich ergeben würden, wieder betont wurden. Das beabsichtigte Unterkonsistorium ward in Verbindung mit der neuerrichteten Propstei Kiel erst 1811 aus den genannten Bezirken, mit Ausschluß der Stadt Kiel, errichtet, und Hauptpastor Fock wurde zum Propsten ernannt. Geistliche Mitglieder des Unterkonsistoriums wurden die jedesmaligen beiden ältesten Prediger der Propstei; die Versammlungen des Konsistoriums wurden auf dem Kieler Rathhaus gehalten. Das kieler Stadtkonsistorium blieb in seinem Bestand, also wurden auch die kieler Prediger dem Propsten nicht untergeordnet. Dennoch ward nach Fock's Tode auch Harms zum Propsten ernannt; nach des letzteren Abgang jedoch nicht der kieler Hauptpastor Wolf, sondern Hauptpastor Heimreich in Preetz

Das Stadtkonsistorium hat unverändert in der früheren Weise weiter bestanden, bis es durch die Einführung der „Gemeinde-Ordnung der evangelisch-lutherischen Kirchengemeinden in den Herzogthümern Schleswig und Holstein vom 16. August 1869" sein Ende erreichte. Durch § 60 dieser Ordnung wurden die Stadtkonsistorien in Neustadt und Kiel aufgehoben. Während die Geschäfte des ersteren dem

Propsten, bezugsweise dem Kirchenvisitatorium der Propstei Oldenburg übertragen wurden, erhielt Kiel in dem ersten Prediger an St. Nikolai und dem Bürgermeister eigene Kirchenvisitatoren, und zwar nicht bloß für die Stadt-, sondern zugleich, soweit die Geschäfte sich auf kirchliche Angelegenheiten bezogen, auch für die Landgemeinde. Der erste geistliche Visitator war der damalige Hauptpastor Konsistorialrath Jensen; als dieser zum Generalsuperintendenten ernannt war, wurde der Pastor des Heiligengeist-Pfarrbezirks Th. Hansen sein Nachfolger und auch 1874 zum Propsten für Kiel ernannt. Der weltliche Visitator war neben beiden der Oberbürgermeister Mölling.

Nachdem die in der "Kirchengemeinde- und Synodal-Ordnung vom 4. November 1876" angeordnete neue Propstei-Eintheilung mit dem 1. Mai 1879 und demnächst auch die Propstei-Synodal-Ausschüsse in's Leben getreten waren, hörte die Wirksamkeit der Kirchenvisitatorien auf. An die Spitze des Propstei-Synodal-Ausschusses der, aus der Stadt Kiel und den Gemeinden Elmschenhagen, Flemhude, Schönkirchen und Westensee gebildeten, neuen Propstei Kiel trat der, zum Nachfolger des nach Oldenburg berufenen Propsten Hansen ernannte Propst Jeß, Pastor des Jakobi-Pfarrbezirks.

Wie das kieler Stadtkonsistorium keinem Propsten unterstellt war, so war auch die Unterordnung unter die Generalsuperintendenten eine sehr lose. Sie beschränkte sich meist auf die etwaige Ordination eines zum Prediger gewählten Kandidaten und auf die Einführung der Prediger. Doch war es in Betreff der letzteren üblich geworden, daß der Generalsuperintendent bei Einführungen eines Archidiakonus oder Diakonus den Hauptpastor mit seiner Stellvertretung beauftragte. Kirchenvisitationen durch den Generalsuperintendenten wurden lange Zeit hindurch nicht gehalten. Erst seit den letzten dreißig Jahren sind sie wieder eingeführt.

Die Prediger an St. Nikolai.[1]

Marquard Schuldorp. 1526.
(S. 6. 7. 11.)

Melchior Hoffmann. 1527—29.
(S. 6—12.)

Johann Walhof. 1529.
(S. 11 u. 12.)

Ob nach den Ausführungen auf S. 6—12 die Vorgenannten als vom Rath förmlich angestellte Prediger zu betrachten sind, bleibt unaufgeklärt. Eine Einordnung derselben in die Reihe der Pastoren oder Diakonen ist daher unthunlich. In den Verzeichnissen von Bremer und Schwarze sind Schuldorp und Walhof überhaupt nicht genannt. Bremer macht Hoffmann zum ersten Hauptpastor, Schwarze bezeichnet ihn als den ersten Archidiakonus.

Die Hauptpastoren.

1. **Wilhelm Pravest,** —1528.
(Siehe oben S. 6—8.)

2. **Johannes Heitmann,** —1568.
Ueber seine Herkunft, sowie über die Zeit seiner Anstellung ist nichts bekannt. Er starb 1568, am Donnerstag nach Reminiscere.

3. **M. Martin Krei oder Coronäus.** 1570—1585.
Er war 1539 zu St. Margarethen geboren, wo sein aus Kiel stammender Vater erster lutherischer Prediger war. Nachdem er seit 1565 Lehrer bei den Kindern des gelehrten Heinrich Rantzau gewesen, wurde er durch dessen Vermittelung

---

[1] Die biographischen Angaben aus der Zeit bis 1775 sind zum großen Theile den mehrerwähnten von Pastor Jehse in Hemme herausgegebenen „Nachrichten des seligen Nikolaus Hermann Schwarze von der Stadt Kiel" entlehnt.

1567 Pastor in Beienfleth, von wo er 1570 nach Kiel berufen ward. Er war ein gelehrter Mann und auch in der Chemie und den eleganten Wissenschaften erfahren. Als 1579 in Schleswig eine Versammlung von 18 der „vornehmsten Theologen und Prediger" gehalten wurde, um über das sogenannte Torgische oder Bergische Buch (die Konkordienformel) zu berathen, war Coronäus einer derselben und zeigte sich mit den übrigen als Gegner der Vorlage[1]), was sogar zu einer Anklageschrift Anlaß gab, die der lübecker Superintendent Pouchenius gegen Coronäus bei dem kieler Magistrat einreichte, gegen welche aber der gottorfische Superintendent v. Eitzen ihn in Schutz nahm. Auch von den hamburger Predigern wurde Coronäus bei einer Anwesenheit in Hamburg 1579 „scharf durchgezogen", wußte sich aber zu vertheidigen. — Sein Sohn Martin Coronäus, geboren in Kiel, war zuerst Diakonus in Itzehoe, später Pastor in Krummendiek. Auch in Groß-Flintbek waren der erste und der dritte lutherische Prediger ein Paulus Coronäus und dessen Sohn Martin Coronäus (1615—1665); vermuthlich aus derselben kieler Abstammung, wie die obigen.

4. M. Detherus Mauritius (Moritz). 1586—1611.

Er war 1542 zu Minden in Westfalen geboren, ward 1567 Rektor der Stadtschule in Kiel, 1574 Diakonus und 1586 Pastor. Herzog Friedrich III. ernannte ihn zum Propsten der Kirchen in Kiel und im „Bordesholmischen Distrikt", so daß ihm vermuthlich außer Kiel die Kirchen zu Schönkirchen, Neumünster, Bordesholm, Groß-Flintbeck und Brügge untergeordnet waren. — Sein Epitaphium hing bisher an der Südwand der Nikolaikirche, stellt ihn und seine Gattin dar, knieend vor dem Gekreuzigten. Nach der lateinischen Unterschrift hat er selbst diese Gedenktafel errichten lassen.

5. M. Bernhard Mayer. 1612—1616.

Nach Schwarze hat er wegen allzuvieler Arbeit sein Amt niedergelegt und ist nach Dänemark gegangen. Ob er

---

[1]) Michelsen, Schlesw.-Holst. Kirchengeschichte, Bd. 3, S. 213.

in Kopenhagen an der deutschen Kirche eine Anstellung gefunden, wird vermuthet, ist jedoch nicht nachgewiesen.

6. M. Antonius Burchardus. 1616—1628.
(S. 18.)

Geboren 1584 zu Lübeck, wurde er zuerst 1606 Konrektor und Professor der Beredsamkeit in Stettin, folgte 1613 einem Ruf in seine Vaterstadt als Diakonus am Dom, erhielt aber schon im nächsten Jahre seinen Abschied, weil er gegen ein Bündniß Lübecks mit den holländischen Generalstaaten sich ausgesprochen hatte. Er ging dann nach Rostock, wo er theologische Vorlesungen hielt und nahm darauf 1616 das Hauptpastorat in Kiel an, starb indeß schon am 28. März 1628 im Alter von 44 Jahren. Zwei seiner hier gebornen Söhne zweiter Ehe wurden Prediger: Matthias hier in Kiel (siehe unten Nr. 10), Georg Hinrich, geboren 1624, am Dom in Schleswig, später Propst in Segeberg und Pastor in Heiligenhafen. Antonius Burchardus war der Stammvater einer im Lande weit verbreiteten Predigerfamilie, die bis in die jüngste Zeit herabreicht, jedoch auch andere sehr namhafte Mitglieder zählt.

7. M. Petrus Crüger. 1629—1637.
(S. 19.)

Er war, wie sein Vorgänger, in Lübeck am 24. December 1590 geboren; der Fürstbischof von Lübeck ernannte ihn 1619 zum Propsten und Pastor in Eutin, von wo er 1629 nach Kiel kam. Seine Frömmigkeit, Gelehrsamkeit und sein freundliches Verhalten gegen Jedermann machten ihn sehr beliebt. Er starb, nur 43 Jahr alt, am 29. März 1637.

8. M. Christoph Basilius Becker. 1637—1649.
(S. 19, 20.)

Ueber seine Herkunft ist nichts bekannt. Er war als „vertriebener Prediger" in's Land gekommen und zuerst Konrektor in Husum, dann Diakonus in Tellingstedt geworden und von dort 1637 nach Kiel berufen. Von hier entfloh er am zweiten Weihnachttage 1649 mit Hinterlassung von Weib und Kind, nachdem er, wie Bremer berichtet „zuletzt ein ärgerlich Leben geführt mit einer fremdben Weibsperson namens Antje Rosenfeld'sche, welche deshalb am 29. Juni 1650 zunächst ihrer Mutter öffentlich mit Ruthen an dem Pranger ausgestrichen und des Landes verwiesen wurde". Da er große Beredsamkeit besaß, gelang es ihm, Hofprediger bei dem Grafen von Hohenlohe zu werden, er ward aber, als von Kiel die nachtheiligen Gerüchte dorthin gelangten, zu lebenslänglicher Gefangenschaft verurtheilt. Zu seiner Zeit und unter seinem Einfluß wurden vom 8. Decbr. 1638 bis 12. Februar 1639) 8 Frauen als Hexen zum Feuertode verurtheilt. Becker's Frau starb 1652 und wurde, wie Bremer anführt, „allhier ordentlich begraben, wobei Pastor Jessenius die Leichenpredigt hielt."

9. Dr. th. **Friederich Jessen.** 1651—1676.
(S. 20.)

Geboren 1613 zu Husum, wo sein Vater Mitglied des Raths war, studirte er zu Marburg und erwarb daselbst die Magisterwürde, ward 1635 Diakonus in Tating, 1640 in Tönning und 1650 Hauptpastor in Kiel. Er wird von Jehse als rechtschaffener Prediger in der Lehre und im Wandel gerühmt. Die theologische Fakultät der damals neu errichteten Christian-Albrecht-Universität verlieh ihm 1673 ihre Doktorwürde. Er starb den 7. November 1676; sein Bildniß hing bisher in der Nikolaikirche neben dem Taufstein.

10. **Matthias Burchardus.** 1677—1679.
(S. 19.)

Geboren am 20. August 1619 in Kiel, Sohn des Hauptpastors Anton Burchardus, wurde er vom Herzog Friedrich III. von 1635 an auf der Schule in Bordesholm, dann von 1639—1642 auf der Universität Rostock unterhalten. Er wurde 1645 Diakonus, 1669 Archidiakonus und 1677 Hauptpastor. Verheirathet in erster Ehe mit einer Tochter des Archidiakonus Joh. Langemake, wurde er Vater von 14 Kindern. Einer seiner Söhne, Bernhard Burchardus, wurde hier Archidiakonus. Aus zweiter Ehe mit einer Tochter des Professors der Medicin Dr. Marchius, entstammten 4 Kinder, von welchen Kaspar Christoph Martin Burchardus zuerst außerordentlicher Professor der Medicin in Kiel, 1716 ordentlicher Professor in Rostock ward. Er starb am 29. Aug. 1679.

11. M. Joachim Giese. 1679—1694.
(S. 23. 36.)

Er war am 4. Februar 1631 in Husum geboren, wo sein Vater Mitglied des Raths war. Im Jahr 1657 wurde er Pastor in Kaltenkirchen und 1678 in Folge seines Rufes als Kanzelredner Archidiakonus in Kiel, wo er im folgenden Jahr zum Hauptpastor aufrückte. Er starb am 14. März 1694, nachdem er noch am Vormittag die Fastenpredigt gehalten hatte. Er hinterließ 6 Töchter, welche sämmtlich an Prediger verheirathet wurden, und 3 Söhne, von denen Joachim Giese als Pastor in Schönkirchen 1729 unverheirathet starb.

12. M. Gabriel Wedderkop. 1694—1696.
(S. 24.)

Geboren am 9. Februar 1644 in Husum, wo sein Vater Kaufmann war, wurde er zuerst Nachmittagsprediger bei der, auf dem Schloß zu Husum wohnenden, Witwe des Herzogs Friedrich III., darauf 1668 Pastor in Treia und 1671 Diakonus in Kiel, wo er im selben Jahr zum Magister promovirt wurde. Ohne Wahl rückte er 1679 in's Archidiakonat auf und ward 1694 Hauptpastor. Er starb am 18. September 1696. Von seinen 6 Söhnen und 6 Töchtern aus zwei Ehen (die zweite Frau war eine Tochter des Pastors Matthias Burchardus), wurde der älteste Sohn herzoglich gottorfischer Legations-Sekretair am kaiserlichen Hof, ein zweiter Landschreiber in Garding, ein dritter Pastor in Oldenswort. Eine seiner Töchter wurde mit dem Professor Muhlius, seinem Nachfolger im Hauptpastorat, verheirathet. Sein Bild befindet sich in der Nikolaikirche. — Ein jüngerer Bruder von Gabriel Wedderkop, Landgerichtsnotar in Kiel, schenkte 1706 die jetzige

Kanzel in der Nikolaikirche. Ein anderer Bruder war Magnus von Wedderkop, herzoglicher Geheimraths-Präsident.

13. Dr. Hinrich Muhlius. 1697—1698.
(S. 25.)

Er war am 7. März 1666 in Bremen geboren, Sohn des angesehenen Kaufmanns Diedrich Muhl daselbst. In seinem 25. Jahr erhielt er einen Ruf als Professor der morgenländischen Sprachen nach Danzig, gleichzeitig jedoch auch als Professor der griechischen und hebräischen Sprache, der Homiletik und der Poesie an die Universität Kiel und trat dies Amt 1692 an. Drei Jahre später, 1695, wurde er Professor der Theologie und nach dem Tode seines Schwiegervaters Wedderkop auch dessen Nachfolger und zwar der erste Hauptpastor, welcher zugleich theologischer Professor war. Schon am 4. September 1698 wurde er indeß zum herzoglich gottorfischen Generalsuperintendenten, Oberkonsistorialrath, Oberhofprediger, Propsten und Oberaufseher der Schulen ernannt. Er behielt daneben die Professur, obgleich seine akademische Thätigkeit durch den Aufenthalt in Schleswig unterbrochen ward, und empfing 1699 auch die theologische Doktorwürde. Er wurde Prokanzler der Universität und mit Magnus von Wedderkop zum beständigen Inspektor und Visitator derselben ernannt. Im Jahre 1730 veranlaßte er die Jubelfeier der Augsburgischen Konfession in Kiel. Er starb den 7. December 1733.[1]) Von seinen Söhnen erster Ehe (er war zweimal verheirathet) wurde der älteste, Johann Ludwig, herzoglicher Kammerpräsident; der zweite, Friedrich Gabriel, Oberkonsistorialrath und Kirchenrath, ist der Stifter der Muhlius'schen Waisenanstalt.

14. Dr. Theodor Dassow. 1699—1712.
(S. 27, 28, 37.)

Geboren am 27. März 1648 in Hamburg, wo sein Vater Archidiakonus an St. Petri war, erhielt er in Witten-

---

[1]) J. O. Thieß, Gelehrtengeschichte der Universität zu Kiel. Theil 1, S. 123 ff.

berg, nach kurzer Bekleidung einer Adjunktur bei der philosophischen Fakultät, 1676 die Anstellung als außerordentlicher Professor der orientalischen Sprachen, 1678 als ordentlicher Professor der Beredsamkeit und Dichtkunst, 1690 der morgenländischen Sprachen. Nach Muhlius Rücktritt vom Hauptpastorat wurde er 1699 zum Professor der Theologie und der morgenländischen Sprachen, sowie zum Hauptpastor an St. Nikolai in Kiel ernannt. Wie Jehse mittheilt, hatte er „den größten Zulauf von Studenten und eine sonderbare Fertigkeit im Vortrag". Im Jahr 1712 wurde er königlicher Generalsuperintendent und Propst in Rendsburg und erhielt 1713 zugleich die Inspektion über die Kirchen in dem von den königlichen Truppen besetzten fürstlichen Gebiet in Holstein. Er starb am 7. Januar 1721.[1])

15. Albertus zum Felde. 1712—1720.
(S. 28.)

Er war am 9. September 1675 in Hamburg geboren, wohin seine Mutter, die Frau eines Beamten im Land Kehdingen, wegen Kriegsunruhen geflüchtet war. Nach beendetem Studium „ließ er, wie Jehse berichtet, alle Hoffnung zu seiner Beförderung fallen, und die wider einander streitenden Gedanken brachten ihn dahin, daß er Kriegsdienste nahm." Er befand sich als Regimentsquartiermeister in Hamburg auf Werbung, als sein späterer Schwager, der Generalsuperintendent Muhlius dies erfuhr und ihm eine Berufung zum Kompastor in Tönning schickte. Dies änderte seinen Sinn, er dankte beim Militair ab und wurde 1704 ordinirt. Fünf Jahre später wurde er als Professor der Theologie, Logik und Metaphysik an die Universität Kiel berufen und nach Dassow's Abgang auch zum Hauptpastor ernannt. Er war mit einer Schwester von Muhlius verheirathet. Erst 45 Jahr alt, starb er am 27. December 1720.[2])

---

[1]) Thieß, Gelehrtengeschichte I, S. 197 ff.
[2]) Ebendas. S. 217 ff.

16. Francisco Enno Friccius. 1720—1728.
(S. 29.)

Er war 1665 in Hamburg geboren, Sohn des Doktors der Philosophie und Medicin Johann Joachim Friccius. Er kam früh an den Hof Christian Albrecht's, wo er Lehrer der Prinzessin Maria Elisabeth, späteren Aebtissin von Quedlinburg, ward. 1692 erhielt er das Diakonat an der Friedrichsberger Kirche in Schleswig, wurde 1693 Pastor zu Schwansen (Karby), jedoch schon bald darauf Hofprediger und Beichtvater bei Christian Albrecht's Witwe, der Herzogin Friederika Amalia. Nach ihrem 1704 erfolgten Tode ernannte ihn der Fürstbischof von Lübeck Christian August, Bruder des 1702 gestorbenen Herzogs Friedrich IV. und Vormund des unmündigen Herzogs Karl Friedrich, zum Hofprediger und Kirchenrath und, nachdem Muhlius seinen Wohnsitz wieder ganz nach Kiel verlegt hatte, zum Beichtvater, Oberhofprediger, Oberkonsistorialrath, sowie zum kirchlichen Inspektor der Aemter Tondern und Gottorf. Doch verlor er diese Aemter, als 1713 während des Kriegs Schweden und Russen in's Land kamen, und lebte dann ohne Amt in Schleswig, bis er 1720 zum Hauptpastor in Kiel ernannt ward, wie bereits S. 29 angeführt ist. Er starb am 3. Juni 1728.

17. Johann Friedrich Jensen. 1724—1727.
(S. 29. 30. 37.)

Er war am 20. Juni 1686 zu Oldenburg in Holstein geboren, wo sein Vater Pastor war. Zuerst wurde er Feldprediger, dann 1715 Pastor in Sarau. In Folge seines Rufs als Kanzelredner wurde er 1717 Archidiakonus in Kiel und 1724 Hauptpastor. Er starb schon 3 Jahre später, erst 41 Jahre alt.

18. Jakob Volckmann. 1728—1734.
(S. 30. 39.)

Geboren 1682 in Lüneburg, wurde er 1717 Pastor in Selent, folgte 1725 der Wahl zum Archidiakonus in Kiel und ward 1728 zum Hauptpastor ernannt. Herzog Karl

Friedrich ernannte ihn 1733 auch zum Assessor in dem von ihm neu errichteten Oberkonsistorium. Jehse berichtet: „Den 1. Januar 1734 sagte er es seiner Gemeinde, daß die Zeit seines Abschiedes gekommen sei, und denselben Abend legte er sich zu Bette." Er starb am 5. Februar, reichlich 52 Jahr alt. — Im Jahr 1731 hatte er von dem Herzog den Befehl erwirkt, „daß auf der Orgel während des Gottesdienstes keine weltlichen Stücke, sondern nur Gesänge gespielt werden sollten."[1])

19. Johann Christian Seelhorst. 1735—1756.
(S. 30.)

Er war 1699 zu Kirchbeutzen bei Lüneburg geboren, Sohn des dortigen Pastors. Er wurde 1726 Pastor in Trittau, wo ihn Herzog Karl Friedrich oft predigen hörte und in Folge dessen 1734 seine Wahl zum Archidiakonus in Kiel veranlaßte. Gleichzeitig wurde er auch zum Konsistorial-Assessor und 1735 zum Hauptpastor ernannt; 1740 wurde er wirklicher Oberkonsistorialrath. Obgleich er 1750 einen Schlaganfall erlitten hatte, konnte er doch sein Amt noch weiter verwalten, bis er 1756 starb. — Im Jahr 1739 wurde, wie Fick[1]) berichtet, auf sein Anfordern der Bälgentreter Harders sofort abgesetzt, „weil er unter der Predigt die Betglocke etwas zu früh angezogen."

20. Konrad Christian Bruns. 1757—1777.
(S. 41.)

Er war am 6. Juli 1702 zu Delmenhorst geboren, wo sein Vater königlich dänischer Bürgermeister war. Er studirte in Leipzig, ging 1726 nach Kopenhagen, „wo er an dem Pastor der deutschen Gemeinde Matthias Schreiber (früher in Westensee und Barmstedt) einen Gönner fand. 1728 erhielt er das Pastorat in Heiligenhafen, wurde 1735 Diakonus, 1738 Archidiakonus und 1757 Hauptpastor in Kiel, 1766 auch herzoglich schlesw.-holstein. Kirchenrath. Er starb am 15. December 1777, nachdem er kurz vorher um Bestellung eines

---

[1]) Kleine Mittheilungen aus Kiel's Vergangenheit. Kiel 1867.

Adjunkten angesucht hatte, der im Voraus, da der Archidiakonus und der Diakonus bei seinem Tode aufrücken würden, als Diakonus zu wählen, jedoch von ihm selbst zu salariren sei.

21. **Benedikt Konrad Hinrich Langheim.** 1778—1785. (S. 30. 31.)

Er war 1740 in Hohenaspe, wo sein Vater Prediger war, geboren. Er wurde 1765 Diakonus, 1771 Archidiakonus und 1778 Hauptpastor, starb jedoch schon 1785.

22. **Johann Hermann Meyer.** 1786—1795. (S. 31. 41.)

Geboren am 6. Oktober 1737 in Hamburg, wurde er daselbst 1766 Nachmittagsprediger an der Kirche auf dem Hamburgerberg (jetzt St. Pauli), 1768 Archidiakonus in Rendsburg, 1771 Diakonus, 1778 Archidiakonus und 1786 Hauptpastor in Kiel. Seit 1776 war er zugleich außerordentlicher Professor der Theologie, hat jedoch nur einmal ein Kollegium zu lesen angefangen. Gerühmt wurde an ihm „seine nicht gemeinen Talente des Vortrags, geläuterte theologische Ansichten, unermüdete Treue in seinem Amte". Eine Anzahl seiner Predigten wurden gedruckt.[1]) Er starb nach langem Krankenlager am 26. August 1795.

23. **Dr. th. Johann Georg Jock.** 1795—1835. (S. 31. 59.)

Geboren am 16. November 1757 in Neumünster, erhielt er 1780 in dem, zwei Jahr vorher eingerichteten, schleswig-holsteinischen Amtsexamen den ersten Charakter, nachdem er schon seit 1779 Rektor der Schule in Neumünster gewesen war. Im Jahr 1782 wurde er Prediger bei der dänischen Gesandtschaft in Wien, 1784 Pastor der evangelischen Gemeinde daselbst, 1784 Superintendent der evangelischen Kirchen in Inner-Oesterreich und 1785 geistlicher Rath des Konsistoriums Augsburgischer Konfession daselbst. 1795 wurde er zum Hauptpastor in Kiel mit dem Titel Konsistorialrath ernannt, erhielt

---

[1]) Thieß, Gelehrtengeschichte, Theil 2, S. 224 u. 225.

1810 den Danebrogsorden und wurde 1811 auch zum Propsten der neu errichteten Propstei Kiel (S. 59) ernannt. Am 11. September 1829 feierte er unter großer Betheiligung der Gemeinde sein Jubiläum; bei dem von der Universität am 25. Juni 1830 veranstalteten Festakt zur Jubelfeier der Augsburgischen Konfession überreichte ihm der Festredner das Diplom eines Doktors der Theologie. Er starb am 3. August 1835, 78 Jahre alt, nachdem er 40 Jahre, weit länger als einer seiner Vorgänger, das Hauptpastorat bekleidet hatte. Seine zahlreichen kleinen Schriften verzeichnen die Schriftstellerlexika. Sein Bild hängt in der Nikolaikirche. Sein Sohn Johann Friedr. Jock war zuerst Advokat, dann 1 Jahr Stadtaktuar, starb 1836.

24. Dr. th. u. ph. **Claus Harms.** 1835—1849.
(S. 31. 47. 59.)

Er war am 25. Mai 1778 in Fahrstedt, Süderdithmarschen, geboren, erlernte zuerst das Müllerhandwerk, bezog dann im 19. Jahre die Gelehrtenschule in Meldorf, wurde mit 21 Jahren Student in Kiel und bestand mit 24 Jahren das theologische Examen. Er wurde am 1. December 1805 zum Diakonus in Lunden, am 8. Juli 1816 zum Archidiakonus in Kiel gewählt und am 4. September 1835 zum Hauptpastor und zum Propsten der Propstei Kiel ernannt, nachdem er schon 1819 einen Ruf nach Petersburg als Bischof und Mitglied des neu errichteten Konsistoriums für die evangelische Kirche in Rußland, sowie 1834 als Prediger an die Dreifaltigkeitskirche in Berlin an Schleiermacher's Stelle abgelehnt hatte. Im Juni 1834 verlieh ihm die philosophische Fakultät, am 24. December desselben Jahres die theologische Fakultät ihre Doktorwürde. Am 28. Oktober 1836 wurde er Ritter vom Danebrog, dazu am 28. Juni 1840 Danebrogsmann. Seine Jubelfeier[1]) als 25jähriger Prediger in Kiel wurde am 4. Advent 1841 von der Stadt und Universität glänzend gefeiert, und bei dieser Gelegenheit ward das Stipendium

---

[1]) Dorner, Blätter der Erinnerung an das Jubiläum von Claus Harms, zur Feier seines Amtsantritts in Kiel. 1842.

Harmsianum (für Prediger oder Kandidaten zu einer kirchlichen oder wissenschaftlichen Reise bestimmt) im Betrage von reichlich 18 000 ℳ gestiftet. Zugleich wurde er zum Oberkonsistorialrath ernannt. Nachdem er 32 Jahre in Kiel und vorher 11 Jahre im Predigtamt gestanden hatte, nahm er wegen fast vollständiger Erblindung zu Ostern 1849 seine Entlassung, welche ihm dann 1852 nochmals (s. S. 32) von der dänischen Regierung ertheilt ward. Die wenigen Jahre des Ruhestandes benutzte Harms, um seine Selbstbiographie[1]), welche er diktiren mußte, zu verfassen. Es war dies das letzte Werk seiner schriftstellerischen Thätigkeit, durch welche er nicht minder, als durch seine eigenartige Kanzelberedsamkeit der weithin bekannteste und hervorragendste unter allen Kieler Predigern geworden ist. Wir verweisen wegen seiner zahlreichen Schriften auf die Verzeichnisse bei Lübker und Schröder und bei Alberti. Harms starb, siebenundsiebzigjährig, am 1. Februar 1855. Dreiundzwanzig Jahre später, am 25. Mai 1878, wurde durch Anbringung einer Gedenktafel an dem von ihm in den Jahren 1820—1836 bewohnten Hause, welches ihm von Gemeindemitgliedern geschenkt worden war, durch eine Gedächtnißrede in der Aula der Universität und eine Feier an seinem Grabe auf dem St. Jürgenskirchhof sein hundertster Geburtstag begangen.[2]) Sein Bild

---

[1]) „Dr. Claus Harms gewesenen Predigers in Kiel Lebensbeschreibung verfasset von ihm selber." Nebst 5 Beilagen und dem Bildnisse des Verfassers. Kiel 1851.

Siehe auch: Dr. M. Baumgarten, „Ein Denkmal für Claus Harms." Braunschweig 1856.

[2]) „Die Gedächtnißfeier für Claus Harms an seinem hundertsten Geburtstag." Kiel 1878. Inhalt: Ansprache bei Enthüllung der Gedenktafel, von Dr. Volbehr; Gedächtnißrede in der Aula von Propst Hansen; Rede am Grabe von Pastor Christian Harms in Grube.

Kirchenrath Dr. E. Lüdemann, „Erinnerung an Claus Harms und seine Zeit." Ein Beitrag zur Säcularfeier seines Geburtstags. Kiel 1878.

Behrmann, „Claus Harms. Eine Predigt und ein Vortrag." Kiel 1878.

hängt in der Nikolaikirche. Von seinen 3 Kindern starb der älteste Sohn als Hauptpastor in Grube 1884, der zweite schon 1848 als Kirchspielvogt in Barlt; die Tochter war mit Propst Balemann in Oldenburg (S. 86) verheirathet.

25. Heinrich Sönke Theodor Wolf. 1849—1854. (S. 31. 47.)

Geboren am 18. September 1801 zu Krummendiek, wo sein Vater Pastor war, 1824 examinirt und 1827 zum Pastor in Hemmingstedt gewählt, wurde er 1835 Archidiakonus in Kiel. Die Statthalterschaft ernannte ihn 1849 zum Hauptpastor. Von 1848—50 war er Mitglied der schlesw.-holstein. Landesversammlung. Die dänische Regierung verweigerte ihm 1854 die Bestätigung in seinem Amt, so daß er abtreten mußte. Er hielt am 16. Juli seine Abschiedspredigt, blieb aber vorläufig in Kiel wohnen. Am 3. November 1855 wurde er zum Pastor in Bremerhafen gewählt, feierte 1877 sein Jubiläum als Prediger und trat 1881 in den Ruhestand, worauf er seinen Wohnsitz am Harz nahm. Seine Schriften verzeichnet das Schriftstellerlexikon von Alberti.

26. Karl Friedrich Christian Hasselmann. 1854—1866. (S. 32. 33.)

Er war am 31. März 1794 in Plön geboren, Sohn des dortigen Amtsverwalters Zacharias Hasselmann und Enkel des (S. 58 genannten) herzogl. holst.-gottorfischen Generalsuperintendenten und Hauptpastors Friedrich Franz Hasselmann in Neumünster. Im Jahre 1817 examinirt, wurde er schon 1818 zum Pastor in Sarau gewählt und kam von dort 1832 nach Altenkrempe. Am 12. April 1854 wurde er zum Hauptpastor in Kiel ernannt und trat dies Amt am 23. Juli an. Am 1. Januar 1856 wurde ihm der Danebrogorden verliehen. Auf Ansuchen zum 1. Juli 1866 entlassen, führte er das Amt bis zum Antritt seines Nachfolgers fort. Dann lebte er noch 16 Jahre im wohlverdienten Ruhestand, bis an sein Lebensende mit theologischen Studien beschäftigt. Er starb am 15. April 1882. Seine Schriften verzeichnen

Lübkert und Alberti. Zwei seiner Söhne sind auch Prediger: Zacharias Hasselmann ist Kompastor in Nienstedten, Karl Hasselmann (S. 50), Propst für Münsterdorf und Hauptpastor in Krempe; der jüngste Sohn ist Architekt in Kiel.

27. Dr. th. Andreas Detlev Jensen. 1866—1872.
(S. 32.)

Geboren am 24. Januar 1826 in Glückstadt, wo sein Vater Lehrer an der Stadtschule war, bestand er 1853 mit sehr rühmlicher Auszeichnung das Amtsexamen, wurde 1855 zum Diakonus und 1856 zum Hauptpastor in Herzhorn gewählt, ward dazu 1859 drittes geistliches Mitglied des damaligen Oberkonsistoriums in Glückstadt und Examinator, darauf im Januar 1865 zum Pastor in Norderbrarup ernannt. Am 20. September 1866 erhielt er die Ernennung zum Hauptpastor in Kiel, wurde dazu 1868 Konsistorialrath und Mitglied des neuerrichteten evangelisch-lutherischen Konsistoriums. Als nach erfolgter Pfarrbezirks-Eintheilung das Hauptpastorat einging, wurde er Pastor des Nikolaibezirks. Am 16. Oktober 1872 ward er zum Generalsuperintendenten für Holstein ernannt, erhielt am 25. Oktober 1876 das Ehrendiplom eines Doktors der Theologie von der theologischen Fakultät in Kiel, und 1874 wurde ihm der Rothe Adlerorden 4. Kl., darauf 1881 derselbe Orden 3. Kl. verliehen.

Die Archidiakonen.

1. M. Tilemann Kragge. 1546—1547.

Er war im Lüneburgischen geboren, ward dem Magistrat in Kiel von Bugenhagen, Melanchthon und Johannes Saxe empfohlen, ging jedoch schon 1547, „mit einem schönen Zeugniß von Herzog Adolf", als Prediger nach Minden.

2. Johannes Holst. 1547—1566.

Er war nach Bremer's Angabe nur von 1559—1566 im Predigtamt und zuerst 2 Jahre Diakonus (s. unten S. 81).

3. M. **Johannes Früchtenicht.** 1566—1573.

Er war zuerst Rektor, jedoch einziger Lehrer, an der Stadtschule und Kantor an St. Nikolai; wurde 1560 Diakonus und 1566 Archidiakonus.

4. **Joachim Blüting.** 1574—1606.

Gebürtig in der Mark Brandenburg, war er zuerst 10 Jahre zu Genin bei Lübeck, dann 2 Jahre in Lütjenburg Prediger gewesen, als er 1566 Diakonus in Kiel ward; 1574 rückte er in's Archidiakonat auf, hat also im Ganzen 52 Jahr im Predigtamt gestanden.[1]

5. M. **Hinrich Langemake.** 1606—1636.

Er war von 1593—1599 Kantor an der Stadtschule; ward 1601 Diakonus, 1606 Archidiakonus, starb 1636.

6. **Johannes Langemake** (Longemacius). 1636—1645. (S. 19.)

Er war der Sohn eines kieler Bürgers; ob mit dem

---

[1] Unter dem vielfachen Unfug, den zu dieser Zeit der Adel in Kiel trieb, hatte auch, wie von Bremer berichtet wird, Blüting zu leiden. Otto Rantzau zerschlug ihm 1589 am hellen Tage sämmtliche Scheiben in zwei Fenstern und „nur darum, daß eine Jungfer vom Adel seiner Töchter eine gebeten, ihr etliche Kleider zu leihen, damit Fastelabend zu gehen, dessen sie sich geweigert." Ferner erzählt Bremer: „Noch hat zur selben Zeit des Vorigen vom Adel sein Bruder Melchior Rantzow, zu Erlewat Erbgesessen, dem alten abgelebten Mann Joachim Blüting, Capellan zu St. Nikolai, alhier seine übrig gebliebenen 3 Fenster folgends gewaltthätig und ohne alle ursach ausgeschlagen." Schon im Jahr 1585 hatte „Didrich Blome der Jüngere, Jasper Blomen zu Reemten Erbgesessenen Sohn, am Sonntagabend den 24. Octob., dem alten Joachimo Bluting Archidiacono hieselbsten ohne alle ursache die Fenster in seinem Hause ausgeschlagen, dahinein geschossen, auch seinen Sohn Tönnies Blüting in der Schulter gestochen und schwer verwundet." Uebrigens scheint dieser Tönnies auch ein Taugenichts gewesen zu sein, denn am 16. Novbr. desselben Jahres erschien Joachim Blüting mit mehreren Freunden vor dem Rath und ließ durch Pastor Mauritius gegen seinen Sohn klagen, der sich eine Zeitlang sehr übel verhalten, die Eltern und Geschwister bedroht, der Mutter ein Stück aus der Wange gestoßen und sich so strafbar bezeigt, „daß er woll sein Leben verwirket." Er bat den Rath, „diesen seinen ungehorsamen Sohn eine Zeitlang auf dem Haftthurm bei geringer Kost sitzen zu lassen", was dann auch geschehen.

Vorgänger verwandt, ist nicht nachweisbar. Er wurde 1616 Kantor an der Stadtschule, 1622 Diakonus und 1636 Archidiakonus. König Christian IV. hatte 1627 während seiner Anwesenheit auf dem Landtag zu Kiel ihn predigen hören und ihm eine andere Stelle anbieten lassen, die er jedoch mit der Entschuldigung ablehnte, daß seine Gemeinde ihn ungern von sich lassen würde. Sein Sohn und sein Enkel wurden Pastoren in Neustadt, ein zweiter Sohn in Uetersen, ein Urenkel Diakonus in Gettorf; drei Töchter wurden an Prediger verheirathet, darunter eine an den Hauptpastor Matthias Burchardus, eine vierte an den kieler Bürgermeister Michael Petzold.

7. **Johann Brauer.** 1645—1669.

Er war 1613 in Kiel geboren, Sohn eines angesehenen Kaufmanns, hatte in Rostock und Greifswald studirt, war 1643 Feldprediger bei den Truppen des Erzbischofs von Bremen geworden und 1645 in Kiel zum Archidiakonus gewählt. Er starb am 8. September 1669.

8. **Matthias Burchardus.** 1669—1677.
Ward Hauptpastor (S. 64).

9. M. **Joachim Giese.** 1678—1679.
Ward Hauptpastor (S. 65).

10. M. **Gabriel Wedderkop.** 1679—1694.
Ward Hauptpastor (S. 65).

11. **Bernhard Burchardus.** 1694—1716.
(S. 25—27.)

Er war den 25. Juni 1655 geboren, Sohn des Hauptpastors Matthias Burchardus. Nachdem er auf der Domschule in Schleswig unter seinem Onkel Georg Heinrich Burchardus vorgebildet war, bezog er mit sechzehn Jahren die Universität Kiel, bildete sich weiter unter dem Generalsuperintendenten Sandhagen in Lüneburg von 1674—1676 und bezog dann die Universität Rostock, wo er drei Jahre verblieb, indem er beabsichtigte, Docent zu werden. Der Tod seines

Vaters nöthigte ihn zur Rückkehr, und 1680 wurde er zum Diakonus gewählt. Archidiakonus wurde er 1694 und vier Jahre später zum Hauptpastor gewählt, jedoch nicht bestätigt. Er starb am 28. März 1716. Eine der Töchter aus seiner Ehe mit einer Tochter des Hauptpastors Giese war zuerst mit dem Archidiakonus Klippe und in zweiter Ehe mit dem Professor der Geschichte Lackmann verheirathet.

12. **Wolfgang Christoph Francke.** 1716.
(S. 26. 27. 37.)

Geboren zu Kiel den 26. Januar 1669, Sohn des Prokanzlers der Universität und Professors der Theologie Wolfgang Christoph Francke. Er wurde mit 16 Jahren in Kiel Student, ging später nach Leipzig, machte weite Reisen studirte auch einige Zeit in Leiden und wurde nach seiner Rückkehr 1694 zum Diakonus gewählt. Als er 1698 an Burchardus' Stelle zum Archidiakonus gewählt war, mußte er Diakonus bleiben, weil des ersteren Wahl zum Hauptpastor nicht bestätigt ward. Erst 1716 rückte er in's Archidiakonat auf, starb jedoch schon im selben Jahre am 16. Oktober. Bei seinem Namen im Kirchenbuch ist (wahrscheinlich durch den Pastor zum Felde) hinzugefügt: „Ein Mann von deutscher Redlichkeit, eine Zierde unseres Ministeriums, ein im Leben geliebter Kollege, dessen Treue auch dieses Denkmal zu stiften mich verbunden zu sein erachte". Seit 1709 war er auch außerordentlicher Professor der Theologie, hat jedoch als solcher keine Vorlesungen gehalten, 1712 wurde er ordentlicher Professor. Eine besondere Thätigkeit hat er indeß in dieser Zeit des beginnenden Verfalls der Universität kaum geübt, zumal er durch sein Predigtamt sehr beansprucht ward. Von seinen Söhnen wurde der älteste, **Christoph**, 1732 Stadtsyndikus in Kiel, der zweite, **Georg**, Professor der Medicin daselbst, ein dritter, **Bernhard Johann**, Archidiakonus (s. unten Nr. 20); ein Sohn des Professors war von 1771—1790 Syndikus, dann bis 1799 Bürgermeister in Kiel.[1)]

[1)] Thieß, Gelehrtengeschichte I, S. 260—263.

13. **Johann Friedrich Jensen.** 1717—1724.
   Ward Hauptpastor (S. 68).

14. **Jakob Volckmann.** 1725—1728.
   Ward Hauptpastor (S. 68).

15. **Nikolaus Hinrich Klippe.** 1729—1733.
   (S. 37—39.)

Geboren 5. April 1691 in Schleswig, wo sein Vater Pastor an der Michaeliskirche war. Er wurde 1716 Diakonus und 1729 Archidiakonus. Er starb am 11. April 1733.

16. Dr. th. **Gustav Christoph Hosmann.** 1733—1734.
   (S. 39.)

Geboren 16. Mai 1695 zu Celle, Sohn eines Predigers. Er studirte in Leipzig und Kiel, ward 1721 Diakonus zu Gettorf, 1722 Pastor zu Woldenhorn und 1729 Diakonus in Kiel. Von Herzog Karl Friedrich begünstigt, wurde er 1730 zugleich außerordentlicher Professor und bei Gelegenheit der Jubelfeier der Augsburgischen Konfession Doktor der Theologie, 1731 auch Kabinetsprediger und Erzieher des Erbprinzen Karl Peter Ulrich (des späteren Kaisers Peter III. von Rußland), 1733 ordentlicher Professor, Oberkonsistorial- und Kirchenrath, und rückte zugleich in's Archidiakonat auf. Als er 1734 Hofprediger und Prediger der Leibgrenadiergarde wurde, legte er das Archidiakonat nieder. Im Jahr 1749 wurde er zum Generalsuperintendenten für das herzogliche Gebiet ernannt. Er starb am 10. Juni 1766. Von seinen vier Kindern ward der jüngste Sohn kaiserlicher Notar in Kiel; dessen Sohn war der Kaufmann J. C. Hosmann, Sohn des letzteren ist Kaufmann Edlef Hosmann in Kiel. Seine akademische Thätigkeit wurde durch seine anderweitigen Geschäfte beschränkt.[1]

17. **Johann Christian Seelhorst.** 1734—1735.
   Ward Hauptpastor (S. 69).

---

[1] Thieß, Gelehrtengeschichte I. S 284—298.

18. **Matthias Christoph Flor.** 1735—1738.
(S. 40.)

Geboren zu Neustadt, wo sein Vater Bürgermeister war. Er ward 1730 Archidiakonus in Oldenburg, 1733 Diakonus in Kiel, 1735 Archidiakonus daselbst; 1738 zum Pastor in Steinbek ernannt, wo er 1745 starb.

19. **Konrad Christian Bruns.** 1738—1757.
Ward Hauptpastor (S. 69).

20. **Bernhard Johann Francke.** 1757—1764.
(S. 41.)

Er war ein Sohn des Archidiakonus Wolfgang Christian Francke (s. Nr. 12) und war 1738 zum Pastor in Brügge gewählt, wurde jedoch im selben Jahr Diakonus in Kiel. Er starb 1764 unverheirathet.

21. **Friedrich Karl Meisner.** 1764—1771.

Geboren 25. September 1717 zu Rethwisch, Sohn eines herzogl. Sekretairs. Nachdem er zuerst Adjunkt an der Heiligengeistkirche in Altona gewesen war, wurde er 1757 zum Diakonus, 1764 zum Archidiakonus in Kiel gewählt. Als er am 2. Februar 1771 sich während der Hauptpredigt als Zuhörer im Archidiakonatsstuhl befand, schlug der Blitz durch das Kirchendach und traf ihn so schwer, daß er am 9. Februar nach schmerzhaftem Krankenlager starb. „Sonderbar war es, daß der äußere Korrock nur wie mit einer kleinen Kugel durchlöchert war und daß der Stuhl ganz unbeschädigt geblieben, während die innere Kleidung ganz verzehrt war". [1])

22. **Benedikt Konrad Hinrich Langheim.** 1771—1778.
Ward Hauptpastor (S. 70).

23. **Johann Hermann Meyer.** 1778—1786.
Ward Hauptpastor (S. 70).

24. **Johann Christian König.** 1786—1792.
(S. 42.)

Geboren 1740 in Tolk, wo sein Vater Matthias König,

---

[1]) Kielische gelehrte Zeitung von 1771, S. 119.

der aus Ungarn stammte, von 1740 bis 1765 Pastor war. Er wurde 1775 Diakonus in Oldesloe, 1778 Diakonus in Kiel, 1786 Archidiakonus daselbst; starb am 27. Januar 1792, unverheirathet.

25. **Gerhard Holst.** 1792—1815.
(S: 43. 46.)

Geboren am 10. Oktober 1762 in Flensburg. Er erhielt 1787 im Examen den „zweiten Charakter mit besonderer Zufriedenheit", wurde 1789 Pastor in Enge, 1792 Archidiakonus in Kiel und starb als solcher am 14. December 1815. Er war ein thätiges Mitglied der Gesellschaft freiwilliger Armenfreunde und redigirte den ersten Jahrgang der „Wochenschrift zum Besten der Armen in Kiel", April 1793 bis März 1794, allein, spätere Jahrgänge mit dem Titel „Wochenblatt 2c." vom 1. Juni 1794 an in Gemeinschaft mit Anderen. Auch gab er heraus: „Gedichte von Heinrich Harries" (S. 53), 2 Bde. 1804.

26. **Klaus Harms.** 1816—1835.
Ward Hauptpastor (S. 71).

27. **Heinrich Sönke Theodor Wolf.** 1835—1849.
Ward Hauptpastor (S. 73).

28. **Ludwig Christian Schrader.** 1849—1866.
(S. 49. 50.)

Geboren am 28. November 1815 in Hadersleben, wo sein Vater damals Bürgermeister war; sein Großvater war Professor der Rechte in Kiel. Er ward nach 1840 bestandenem Examen 1844 Pastor in Bedstedt, Kreis Apenrade, am 17. September 1849 zum Archidiakonus in Kiel gewählt, am 28. Juni 1866 entlassen (S. 49). Im Jahr 1868 erhielt er eine neue Anstellung in Ansbach, kam von dort 1869 nach Regensburg und wurde am 1. Juli 1882 Pastor zu Anschach bei Lindau am Bodensee.

29. **Theodor Heinrich Fürchtegott Hansen.** 1866—1871.
(S. 50. 60.)

Geboren am 5. April 1837 zu Kiel, wo sein Vater

(später Pastor auf Langeneß-Nordmarsch) derzeit Vorsteher einer Privatschule war. Nachdem er 1862 das theologische Amtsexamen sehr rühmlich bestanden hatte, wurde er Ostern 1863 Repetent an der Universität Göttingen, am 9. Oktober 1865 zum Abjunkten der Nikolaigemeinde in Kiel und am 26. November 1866 zum Archidiakonus gewählt. Er war der letzte Archidiakonus. Als die Stelle mit dem Ende des Jahres 1871 einging, wurde er Pastor des neu errichteten Heiligengeist-Pfarrbezirks, dazu im nächsten Jahre geistliches Mitglied des Kirchen-Visitatoriums für Kiel, und am 10. April 1874 zum Propsten ernannt. Im April 1879 folgte er einem Rufe des Großherzogs von Oldenburg als Geheimer Kirchenrath und Oberhofprediger in Oldenburg.

Diakonen.*)

1. **Hinrich Splethe.** 1549—1559.

Nach einer Angabe von Fehse, welche einem alten Kirchenregister entnommen ist, war er schon 1539 im Amt gewesen. Das Verzeichniß bei Bremer giebt 1549 an. Sein Sohn Hartwig Splethe starb als Pastor zu Lunden.

2. **Johann Holst.** 1559—1561.

Während Fehse ihn nur als Archidiakonus nennt und zwar von 1547—1566, wird er bei Bremer zuerst als Diakonus aufgeführt und zwar von 1559 an. Es zeigt dies wieder die Unklarheit, welche über die Diakonate in der Zeit der ersten 30 Jahre nach der Reformation herrscht. Wahrscheinlich sind in dieser Zeit nur mit Unterbrechung zwei Diakonen vorhanden gewesen.

---

*) Fehse nennt als ersten Diakonus Hermann Bistermann, der als Anhänger Hoffmann's mit diesem 1529 hätte das Land räumen müssen. Er sei dann nach Eimbek gekommen, doch habe er dort 1530 dasselbe Schicksal wie in Kiel gefunden, nachdem Bugenhagen vor ihm gewarnt und man zugleich seine widertäuferischen Predigten gehört hatte. Ob Bistermann eine wirkliche Anstellung hier gehabt, unterliegt denselben Bedenken, die oben (S. 61) in dieser Beziehung über Schuldorp, Hoffmann und Walhof ausgesprochen sind.

3. M. **Johann Früchtenicht.** 1561—1566.
Ward Archidiakonus (S. 75).
4. **Joachim Blüting.** 1566—1574.
Ward Archidiakonus (S. 75).
5. M. **Detherus Mauritius.** 1574—1586.
Ward Hauptpastor (S. 62).
6. **Joachim Wolter.** 1586—1594.
Geboren in Preetz. Er wurde 1594 nach Lüneburg berufen.
7. **Matthias Clodius.** 1595—1601.
Er stammte aus der Mark Brandenburg, wo er 1560 geboren war. Von Kiel wurde er 1601 als Hauptpastor und Propst der Propstei Münsterdorf nach Itzehoe berufen. Zugleich wurde er Propst der, lange Zeit mit Münsterdorf unter demselben Propsten stehenden, Propstei Segeberg und Generalsuperintendent im königlichen Antheil von Holstein. Er starb 1623.
8. M. **Hinrich Langemake.** 1601—1606.
Ward Archidiakonus (S. 75).
9. **Jackob Stael.** 1606—1622.
Er war in Kiel geboren. Der Rath hatte ihm „tho siner studien vth der Kerden register vehr jahr, jder jahr 30 Mark lübisch vorgünstiget."
10. **Johannes Langemake.** 1622—1635.
Ward Archidiakonus (S. 75).
11. **Christian Freymann.** 1635—1644.
Er war in Lübeck geboren, kam 1635 als Kandidat nach Kiel und wurde vor seiner Einführung in Schleswig examinirt und ordinirt.[1]) Er starb schon 1644.

---

[1]) In Fid's „Mittheilungen aus Kiels Vergangenheit", S. 97 findet sich die aus dem Kirchenarchiv entnommene Rechnung Freymann's über die Kosten seiner Uebersiedelung von Lübeck nach Kiel („dem Fuhrmann für meine Person neben 2 Kisten und 1 Lade 15 ℔) und für zwei Reisen von Schleswig zum Examen, zur Ordination und zu einer Predigt „vor Jyrer Fürstlichen Gnaden". Der Superintendent erhielt einen Rosenobel = 12 ℔, die Examinatoren 1 ℔ (?), der Kantor 3 ℔,

12. **Matthias Burchardus.** 1644—1669.
Ward erst Archidiakonus, dann Hauptpastor (S. 10 und 11).

13. M. **Hinrich Störning.** 1669—1671.
(S. 51.)

Er war in Kiel 1626 geboren, sein Vater war viele Jahre Verwalter auf verschiedenen adeligen Gütern gewesen und dann Bürger in Kiel geworden. Er ward auf den Schulen zu Kiel, Bordesholm, Lübeck und Stettin vorgebildet, hatte dann die Universitäten Königsberg, Leipzig und Wittenberg besucht, war darauf Erzieher in adeligen Familien und und galt als ein gelehrter Mann, in Folge dessen ihm auch kurz nach Errichtung der kieler Universität die Magisterwürde verliehen wurde. Der Magistrat hatte ihn 1655 zum Prediger an der Klosterkirche berufen und erwählte ihn 1669 zum Diakonus an St. Nikolai. Doch wurde er schon 1671 Prediger an der Klosterkirche zu Preetz, wo er 1696 starb. Er war mit einer Magdalena Rantzau verheirathet.

14. M. **Gabriel Wedderkop.** 1671—1679.
Ward Archidiakonus, später Hauptpastor (S. 65).

15. **Bernhard Burchardus.** 1680—1694.
Ward Archidiakonus (S. 76).

16. **Wolfgang Christoph Francke.** 1694—1716.
Ward Archidiakonus (S. 77).

17. **Nikolaus Hinrich Klippe.** 1716—1729.
Ward Archidiakonus (S. 78).

18. Dr. **Gustav Christoph Hosmann.** 1729—1733.
Ward Archidiakonus (S. 78).

19. **Matthias Christoph Flor.** 1733—1735.
Ward Archidiakonus (S. 79).

20. **Konrad Hinrich Bruns.** 1735—1738.
Ward Archidiakonus und später Hauptpastor (S. 79).

---

der Küster 12 β; die gesammte Rechnung nebst Fuhrlohn und Zehrkosten betrug 62 ℳ 12 β.

21. **Bernhard Johann Francke.** 1738—1757.
Ward Archidiakonus (S. 79).

22. **Friedrich Karl Meisner.** 1757—1765.
Ward Archidiakonus (S. 79).

23. **Benedikt Konrad Heinrich Langheim.** 1766—1711.
Ward Archidiakonus und später Hauptpastor (S. 79).

24. **Johann Hermann Meyer.** 1771—1778.
Ward Archidiakonus und später Hauptpastor (S. 79).

25. **Johann Christian König.** 1778—1786.
Ward Archidiakonus (S. 79).

26. **Heinrich Müller.** 1786—1789.
(S. 42).

Geboren 25. Februar 1759 in Jörl, wo sein Vater Pastor war. Er hatte 1782 im Amtsexamen den 1. Charakter erhalten, war 1782 zum Katecheten an dem neu errichteten Schulmeisterseminar in Kiel ernannt und ward dazu 1786 Diakonus. Er trat 1789 vom Diakonat zurück, nachdem er 1788 zum außerordentlichen Professor der Philosophie und zum ersten Lehrer und Instruktor am Seminar ernannt war. Als er 1805 in Folge öffentlicher Angriffe gegen das Seminar, die allerdings seine Person völlig unberührt ließen, von der Leitung des Seminars zurückgetreten war, wurde er ordentlicher Professor der Philosophie und außerordentlicher Professor der Theologie. Er starb am 9. Febr. 1814. Im Mai 1818 ward ihm auf dem St. Jürgenskirchhof ein Denkmal von dankbaren Schülern errichtet. — Müller war eine auf seinem Gebiete anerkannte Autorität, seine Werke über Katechetik sind als klassisch in der Lehrerwelt anerkannt.[1]

27. **Nikolaus Benedikt Lange.** 1789—1791.
(S. 43.)

Er war 1747 in Hadersleben geboren, 1778 Konrektor

---

[1]) Thieß, Gelehrtengeschichte II. S. 332—340. — Falck, Staatsbürgerl. Magazin II. S. 798. — Provinzialberichte 1813 S. 759; 1815 S. 35—42; 1818 S. 313—324 (mit Abbildung), S. 788 ff.

an der Stadtschule in Kiel geworden und 1789 zum Diakonus gewählt. Er starb schon am 4. Decbr. 1791.

28. Johann Köster. 1792—1797.
(S. 53.)

Geboren 1767 zu Kollmar. Er wurde 1792 zum Diakonus gewählt und 1797 zum Prediger an der Klosterkirche, worauf das Diakonat einging. In Folge vieljähriger schwerer Hypochondrie wurde er 1809 in den Ruhestand versetzt, starb jedoch erst am 29. März 1830 in Altona. Er war der ältere Bruder des 1848 gestorbenen Pastors Arminius Köster in Ottensen.

Adjunkten.
(S. 45. 46.)

1. Theophilus Christian Esmarch. 1798—1806.

Geboren 2. Januar 1760 in Schleswig. Er wurde 1798 Adjunkt in Kiel und 1806 zum Pastor in Leezen ernannt, wo er am 3. Oktober 1823 starb.

2. Karl Blech. 1807—1826.
(S. 45.)

Er war 1768 in Kiel geboren, wurde 1807 zum Adjunkten gewählt und dazu 1809 zum Prediger an der Klosterkirche ernannt. Er starb am 4. Juni 1826.

3. Jürgen Bookmeyer. 1827—1830.
(S. 45. 55.)

Geboren 29. November 1801 zu Hollbüllhuus im Kreise Husum. Er wurde am 11. Juni 1827 zum Adjunkten und zugleich zum Prediger an der Klosterkirche gewählt, mußte von der ersten Stelle 1830, nachdem der emeritirte Pastor Köster gestorben war, zurücktreten, wurde 1834 zum Hauptpastor in Marne gewählt, starb jedoch schon am 18. Juni 1838. Er war ein sehr begabter Kanzelredner.[1]

---

[1] Siehe das Vorwort und die Biographie Bookmeyer's von Claus Harms, zu den nach seinem Tode erschienenen „Predigten".

4. Karl Peter Matthias Lüdemann. 1830—1834.
(S. 45. 55—56.)

Geboren 6. Juli 1805 in Kiel, Sohn des Subrektors Lorenz Lüdemann an der Gelehrtenschule. Er wurde am 6. September 1830 zum Adjunkten gewählt und am 26. Januar eingeführt, am 4. August 1834 zum Prediger an der Klosterkirche, am 28. September zum Garnisonprediger ernannt; ward am 29. Oktober 1834 zum Doktor der Philosophie promovirt und habilitirte sich als Privatdocent; erhielt am 26. März 1839 neben seiner Predigerstelle die Ernennung zum außerordentlichen Professor der Theologie und Direktor des homiletischen Seminars, am 3. März 1841 zum ordentlichen Professor der Theologie; wurde am 8. September 1841 Doktor der Theologie; empfing am 28. Juni 1847 das Ritterkreuz des Danebrogordens, am 6. Januar 1854 den Titel „Kirchenrath", am 28. September 1868 den Rothen Adlerorden 3. Kl., dazu 1872 die Schleife, am 2. März 1881 in Anlaß seines Jubiläums den Kronenorden 2. Klasse mit der Zahl 50. Mit dem 1. Januar 1869 legte er sein Predigtamt nieder. Seine zahlreichen Druckschriften verzeichnet das Schriftsteller-Lexikon von Alberti. — Von seinen Söhnen ist Ernst Lüdemann seit 1882 Reiseprediger des Nordwestdeutschen Protestantenvereins, nachdem er vorher seit 1866 Pastor in Barlt gewesen war. Der jüngste Sohn Dr. theol. u. philos. Hermann Lüdemann ist seit 1884 ordentlicher Professor der Theologie in Bern, nachdem er von 1872—1878 als Privatdocent, darauf als außerordentl. Professor der theologischen Fakultät in Kiel angehört hatte.

5. Adolf Friedrich Balemann. 1835—1838.
(S. 45. 48.)

Geboren 3. Mai 1806 zu Reinfeld, wo sein Vater 52 Jahre (1774—1826) Prediger gewesen ist; sein Großvater war Superintendent in Eutin. Er wurde am 29. December 1834 zum Adjunkten gewählt; ward 1838 Archidiakonus in Tondern, 1843 Propst und Hauptpastor in Oldenburg, erhielt

1860 den Danebrogorden, ging am 1. August 1874 als Propst ab und starb am 2. Juni 1876. Er war verheirathet mit der einzigen Tochter von Claus Harms. — Sein älterer Bruder Dr. jur. Georg Ludwig Balemann war seit 1809 Advokat in Kiel, wurde dann 1843 zum Stadtsyndikus ernannt und war von 1844—1852 Bürgermeister; er starb 1856 in Rendsburg.

6. **Ernst Theodor Valentiner.** 1838—1854.

Geboren 21. Februar 1809 auf Futterkamp, 1838 zum Adjunkten gewählt, 1854 zum Pastor in Brockdorf ernannt, gestorben 31. Mai 1867. Er war zweimal verheirathet, zuerst mit einer Tochter des Professors Wiedemann, darauf mit einer Tochter des Professors N. Falck. Sein älterer Bruder Dr. med. Wilhelm Valentiner, seit 1831 Arzt in Kiel und Privatdocent, wurde 1842 Physikus der Stadt und des Amtes Kiel und war seit 1847 Besitzer der damaligen Seebadeanstalt; er starb 1856.

7. **Andreas Christian Hamann.** 1855—1864.

Geboren 30. November 1823 in Stubbendorf, Kreis Eckernförde. Er wurde 1849 Hülfsarbeiter an der Universitäts-Bibliothek, bestand 1850 in sehr rühmlicher Weise das Amtsexamen, wurde 1855 zum Adjunkten gewählt, 17. November 1864 zum Hauptpastor in Eckernförde ernannt, 1871 zum Pastor in Hohenaspe gewählt.

8. **Theodor Heinrich Fürchtegott Hansen.** 1865—1866. Ward Archidiakonus (S. 80).

9. **Klaus Hinrich Reimers.** 1867—1868.

Geboren 27. Februar 1839 in Bramstedt. Er war vom 26. September 1867 bis Weihnacht 1868 als Adjunkt konstituirt und ist seitdem Pastor in Altenkrempe.

10. **Wilhelm Hermann Lange.** 1868—1872. (S. 46.)

Geboren 6. Mai 1841 in Lübeck, 27. December 1868 zum Adjunkten gewählt, 1872 zum zweiten Kompastor in Neumünster ernannt; seit 1878 Pastor in Travemünde.

11. **Ludwig Alwin Ritscher.** 1872—1879.
(S. 46.)

Geboren 10. Februar 1843 in Groß Postwitz, Sachsen; 1871 konstituirter Diakonus in Reschwitz, Sachsen; 1872 konstituirter Adjunkt in Kiel, 1873 zum Adjunkten gewählt; 1879 zum Pastor in Wewelsfleth ernannt.

12. **Sophus Christian August Lau.** 1879—1881.
(S 46.)

Geboren 18. Februar 1853 in Rendsburg; sein Vater und sein Großvater waren auch Prediger. Er wurde im Mai 1879 zum Adjunkten in Kiel ernannt und im Oktober 1881 zum Pastor in Kirchwärder gewählt.

13. Dr. **Friedr. Wilhelm Adolph Baethgen.** 1881—1884.
(S. 46.)

Geboren 16. Januar 1849 in Lachem, Hannover, Sohn eines Predigers; er ward 1877 Licentiat der Theologie, 1878 dazu Doktor der Philosophie, im selben Jahr Privatdocent in Kiel, dazu 1881 bis Juli 1884 Adjunkt; wurde im April 1884 außerordentlicher Professor der Theologie.

Prediger an der Heiligengeistkirche.

1. M. **Janus Vicostadius.** 1632—1651.
(S. 51.)

Er war zu Wernigerode geboren, 1616 Rektor in Stade, 1619 Rektor zu Bordesholm, 1624 an der Stadtschule zu Kiel. Er wurde 1632 erster Prediger an der Heiligengeistkirche und starb 1651.

2. **Bartoldus Brammer.** 1652—1655.
(S. 51.)

Er ward 1630 Konrektor an der Stadtschule, 1652 Pastor an der Heiligengeistkirche und starb 1655.

3. M. **Hinrich Störning.** 1665—1669.
Ward Diakonus an St. Nikolai (S. 83).

4. M. Martin Bützer. 1675—1723.
(S. 51.)

Geboren 1643 zu Kiel (Sohn des späteren Universitätschirurgen Bützer), ward bei Errichtung der Christian-Albrecht-Universität einer der ersten Studenten, die immatrikulirt wurden, studirte dann auch in Jena, erwarb 1672 in Kiel die Magisterwürde, ward 1674 zum Prediger gewählt und 1675 eingeführt. Er war mit einer Tochter des Pastors Matthias Burchardus verheirathet. Er starb am 21. Mai 1733.

5. M. Matthias Bützer. 1723—1749.
(S. 51.)

Geboren 1683 zu Kiel, Sohn des Vorigen, ward schon 1708 Gehülfe seines Vaters, jedoch erst 1723 ihm förmlich adjungirt mit der Bestimmung zum Nachfolger. Er starb im Februar 1749.

6. Markus Hinrich Becker. 1750—1782.
(S. 52.)

Geboren 30. Juni 1706 in Kiel, wurde 1741 Hofkapellan an der Schloßkirche und 1750 Prediger an der Heiligengeistkirche und zugleich Garnisonsprediger. Er starb 8. Oktbr. 1782.

7. Matthias Friedrich Paysen. 1783—1790.
(S. 53.)

Geboren 1756 zu Segelsbüll, Kreis Tondern, erhielt 1779 in dem neuen theologischen Amtsexamen den 1. Charakter, wurde 1780 Kompastor in Husum und 1783 Kloster- und Garnisonprediger in Kiel. Er wurde dann 1790 als Pastor an St. Marien nach Flensburg berufen, von dort 1798 als Pastor am Dom und Propst von Gottorf nach Schleswig; 1803 wurde er Pastor an St. Petri in Kopenhagen, wo er am 11. April 1814 starb.

8. Peter Christian Weller. 1790—1796.
(S. 53.)

Geboren 1763 in Haselndorf. Er erhielt im Examen den 1. Charakter, wurde 1788 Adjunkt in Wilster, 1790

Prediger in Kiel, 1796 Pastor in Gleschendorf, 1817 Pastor und Propst in Elmshorn, wo er am 20. Decbr. 1839 starb.

9. **Johann Köster.** 1797—1809.
(S. 85.)
War vorher Diakonus an St. Nikolai.

10. **Karl Blech.** 1809—1826.
War zugleich Adjunkt (S. 85).

11. **Jürgen Bookmeyer.** 1827—1834.
War bis 1830 zugleich Adjunkt (S. 85).

12. **Karl Peter Matthias Lüdemann.** 1834—1868.
War vorher Adjunkt (S. 86).

13. **Theodor Wilhelm Jeß.** 1869—1871.
(S. 50. 56. 60.)

Geboren 20. Juli 1839 in Itzehoe, wo sein Vater (geb. 1808 in Kiel, gest. 1848) Archidiakonus war; sein Großvater Hartwig Jeß war von 1788—1799 Polizeimeister, dann 1 Jahr Syndikus, darauf bis 1816 Bürgermeister in Kiel. Er bestand 1863 sehr rühmlich das Amtsexamen, wurde im Januar 1865 Diakonus und im August 1865 Archidiakonus in Itzehoe, am 11. März 1869 zum Pastor an der Heiligengeistkirche gewählt. Als dies Amt mit dem 1. Januar 1872 aufhörte, wurde er Pastor des Jakobi-Pfarrbezirks, dem jedoch bis auf weiter die Mitbenutzung der Heiligengeistkirche zugewiesen ward. Seiner Initiative und ausdauernden Thätigkeit ist es vorwiegend zu danken, daß aus freiwilligen Beiträgen der Bau der neuen Jakobikirche ausgeführt und gegenwärtig fast vollendet ist. Am 23. April 1879 wurde er zum Propsten der Propstei Kiel ernannt. Seine Schriften verzeichnet Alberti.

Pfarrbezirks-Pastoren seit 1872.

St. Nikolaibezirk.

1. Dr. **Andreas Detlev Jensen.** 1872.
Ward Generalsuperintendent (S. 74).

2. **Christian Konrad Georg Behrmann.** 1873—1879.
(S. 36.)

Geboren 15. November 1846 in Hamburg; 1870 Pastor in Curslack, Vierlanden, 1871 Diakonus an St. Michaelis in Hamburg. Er wurde am 18. September 1873 zum Pastor des Nikolai-Pfarrbezirks in Kiel ernannt, am 12. Oktober 1879 zum Hauptpastor an St. Michaelis in Hamburg gewählt.

3. **August Wilhelm Becker,** seit 1879.

Geboren 26. April 1837 in Verden; 1864 Pfarr-Kollaborator in Arbergen, 1865 Lehrer am Seminar in Stade, 1869 Gymnasiallehrer in Verden, 1870 Pastor in Horneburg, im selben Jahre auch Feldprediger, 1874 Stiftsprediger in Eisenach. Er wurde am 21. December 1879 zum Pastor des Nikolaibezirks gewählt.

St. Jürgenbezirk.

Dietrich Harries, seit 1872.
(S. 50.)

Geboren 20. März 1835 in Habbeby, Sohn des Pastors Heinrich Raphael Harries (der 1850 als Propst und Pastor in Husum und wieder 1853 als Kompastor in Altona von der dänischen Behörde abgesetzt ward und zuletzt von 1854 bis 1875 Pastor in Nordheim war). Er wurde 1857 in Göttingen examinirt, dann Lehrer am Seminar in Düsselthal, 1859—1862 Repetent an der Universität Göttingen, im selben Jahre zweiter Pfarrer und 1864 erster Pfarrer zu Stolberg bei Aachen. Am 1. Februar 1872 wurde er zum Pastor des St. Jürgenbezirks in Kiel gewählt.

Heiligengeistbezirk.

1. **Theodor Heinrich Fürchtegott Hansen.** 1872—1879.
(S. 80.)

2. **Andreas Christian Heinrich Mau,** seit 1879.
(S. 50.)

Geboren 6. September 1842 in Kiel; Sohn des 1850

verstorbenen Professors der Theologie Dr. Heinrich August Mau (S. 55); sein Großvater war Hauptpastor in Schönberg; sein Urgroßvater Pastor in Altona. Er wurde 1869 erster Kompastor in Meldorf, 1877 Pastor der zweiten Gemeinde in Rellingen; am 11. Mai 1879 zum Pastor des Heiligengeistbezirks gewählt.

St. Jakobibezirk.

Theodor Wilhelm Jeß, seit 1872.
(S. 56. 90.)

Anhang.

Hofprediger und Schlosskapellane.

Von 1727, als Herzog Karl Friedrich seine Residenz in Kiel nahm, bis 1774 waren an der Schloßkirche Hofprediger und Hofkapellane angestellt, die zur Stadtgemeinde keine Beziehungen hatten, jedoch außer den Predigten auch Taufen in den Familien der herzoglichen Beamten und Angestellten, sowie anfänglich beim Militair, vollzogen.

Hofprediger.

1. Kirchenrath **Reimarus**, 1729—1733; ward Pastor in Kiel, starb 1748.
2. Prof. Dr. **Hoßmann**, 1734—1749 (S. 78.)

Kapellane.

1. **Krabbe**, wurde 1734 Pastor in Bergstedt, starb 1743.
2. **Ingwer Gottlieb Ingwersen**, 1734—1741, ward Pastor in Neustadt, starb 1754.
3. **Marius Heinrich Becker**, 1741—50, ward Pastor an der Klosterkirche, (S. 89.)
4. **Tobias Martin Zornickel**, 1750—1752; geboren 1721 in Hamburg, ward 1752 Pastor in Schönkirchen, 1754 an St. Petri in Hamburg.
5. **Hans Kaspar Keßler**, 1752—1757, ward Pastor in Brügge, starb 1772.
6. **Karl Friedrich Ipsen**, 1758—1762, ward Pastor in Grömitz, wurde 1806 emeritirt.
7. **Friedrich Christian Kämpf**, 1762—1769, ward Pastor in Bargteheide, starb 1793.
8. **Karl Ludwig Burius**, 1769—1772, ward Pastor in Bergstedt, starb 1794.
9. **Adolf Friedrich Valemann**, 1773—1774; geboren 1743 in Eutin, ward 1773 zugleich außerordentlicher Professor der Theologie, 1774 Pastor in Reinfeld, starb 1826. (S. 86.)

Die bisher ausgegebenen Hefte der
Mittheilungen der Gesellschaft für kieler Stadtgeschichte
enthalten:

Heft 1: Die kieler adeligen Freihäuser, von Dr. Friedrich Volbehr. — Bericht, Mitglieder-Verzeichniß. 1877.

„ 2: Zur Geschichte der ehemaligen kieler Stadtdörfer, von Dr. Friedrich Volbehr. — Kleinere Mittheilungen: Aelteste kieler Siegel. Holstein-Gottorfische Regierungs-Behörden in Kiel. — Bericht. Mitglieder-Verzeichniß. Kieler Stadt-Bibliothek: I. Schriften über die Stadt Kiel. 1879.

„ 3 u. 4: Beiträge zur Topographie der Stadt Kiel in den letzten drei Jahrhunderten, von Dr. Friedrich Volbehr. Erste Hälfte: Schloß und Altstadt. Mit 3 Lithographien. — Bericht 1881.

„ 5: Die lübecker Briefe des kieler Stadtarchivs 1422—1534. Bearbeitet und mit einem Vorwort begleitet von Dr. August Wetzel. — Bericht. Mitglieder-Verzeichniß. 1883.

„ 6: Kieler Prediger-Geschichte seit der Reformation. Ein Beitrag zur Geschichte des kieler Kirchenwesens, von Dr. Friedrich Volbehr. 1884.